지구의 숨결
❶ 아시아와 유럽의 멸종 위기 동물들

진관우

'기록하면 기억할 수 있다. 기록하면 찰나를 영원으로 만들 수 있다.'는 신념을 가진 진관우는 '숨탄것들'과 더불어 살아가는 세상을 만드는데 조금이라도 보탬이 되기 위해 '숨탄것들' 프로젝트를 비롯해 다양한 활동을 해 오고 있다.
SBS 「순간포착 세상에 이런일이」 1204화, EBS 지식채널e 「너의 이름은」 등의 방송에 출연했고, 뉴스펭귄 「내가 사랑하는 멸종위기종」 프로젝트 운영위원, 국립생태원 홍보대사로 활동 중이다. 「2023 서울특별시 환경상 우수상」을 수상했다.

지구의 숨결

1 아시아와 유럽의 **멸종 위기 동물들**

글·그림 진관우

피엠미디어

적색 목록, 레드리스트란?

국제자연보전연맹(IUCN)은 세계 동식물을 대상으로 종의 보전 상황을 조사하고 알리는 국제 기구입니다. UN의 지원을 받아 1948년에 설립된 IUCN은 2~5년마다 멸종 위기에 빠진 동식물의 상태를 조사한 보고서를 발행합니다. 레드리스트, 우리말로 '적색 목록'이라고 부르는 이 보고서에는 개체 수가 줄어드는 동식물의 종류와 주요 서식지, 위협이 되는 사항은 무엇인지 등을 누구나 쉽고 빠르게 알아볼 수 있도록 정리되어 있습니다. 레드리스트는 1966년에 처음으로 만들어졌는데, 현재까지 12만 종 이상의 생물이 등재됐고, 세계에서 가장 유서 깊은 위기 생물 목록으로 국제적인 신뢰를 얻고 있습니다.

레드리스트를 발행하는 이유는 관심이 필요한 동식물을 파악하고 보호하기 위해서입니다. 더 나아가서는 보전의 시급성과 범위를 일반 대중과 정책 결정자에게 전달하여 전 지구 사회가 생물종의 멸종을 막는 데 함께 참여하게 하려는 목적이 있습니다.

기준 해당 종의 수가 줄어드는지, 사는 곳이 줄어들고 있는지 등 다섯 가지 과학적인 기준을 복합해서 검토합니다. 다만 국제적인 관점에서 위기 수준을 판단하기에, 어느 한 나라에서는 멸종했거나 위기종이더라도 레드리스트 상으로는 다르게 구분이 될 수도 있습니다.

적색 목록 위기 등급

멸종 위기 범주

구분	상황
절멸(EX) Extinct	마지막 개체가 사망한 사실에 의심의 여지 없음
야생 절멸(EW) Extinct in the Wild	자연 서식지에서는 멸종, 인공 시설에서 기르는 개체만 있음
위급(CR) Critically Endangered	야생에서 극단적으로 높은 절멸 위기에 직면함
위기(EN) Endangered	야생에서 매우 높은 절멸 위기에 직면함
취약(VU) Vulnerable	야생에서 높은 절멸 위기에 직면함
준위협(NT) Near Threatened	당장 멸종 위기에 직면하지 않았지만 근시일 내에 위협이 찾아올 수 있으므로 관심이 필요함
최소 관심(LC) Least Concern	널리 퍼져 있고 개체수도 많으니 최소한의 관심이 필요함
정보 부족(DD) Data Deficient	평가를 시도했으나 데이터가 모자라 결과가 나오지 않음
미평가(NE) Not Evaluated	아직 평가가 이루어지지 않음

※ 이 책에 실린 생물종의 영문명과 학명은 국제자연보전연맹(IUCN)의 레드리스트를 기준으로 하였습니다.

추천사

나는 2013년 제인 구달 박사님과 함께 생명다양성재단을 설립해 이끌고 있다. 평소 내가 즐겨 얘기하는 "알면 사랑한다"를 초석으로 삼아 우리가 지금 처해 있는 환경 위기를 극복하는 일은 앎에서 출발해야 하며, 학문을 통해 알게 된 자연을 사랑하면 환경 보호 및 실천으로 이어진다는 생각에 "알면 사랑한다, 사랑하면 표현한다"를 재단의 좌우명으로 정했다. 이제 막 지구의 위기를 인지하고 생명 보전 운동에 가담하려는 모든 환경 보호 새내기들에게 이 책을 권한다. 여전히 우리 곁을 지키고 있는 동물들의 삶에 대해 알려 주는 훌륭한 입문서이다.

최재천(이화여대 에코과학부 석좌교수/생명다양성재단 이사장)

진관우 작가는 동국대 바이오환경과학과에 재학 중인 학부생이다. 대학 입학 전부터 환경 보전에 관심이 많아 전공을 환경과학으로 정하고, 입학 후에 환경보호를 위한 동아리를 만들어 활발한 활동을 해 오고 있다. 학업과 환경보호 활동 사이에도 한글을 이용한 다양한 멸종위기 동물을 그림으로

그리는 창조적인 작업을 진행해 오고 있다. 진관우 작가의 활동은 그림 그리기 차원을 넘어, 멸종위기 동물 보호를 위한 환경보호단체 활동에도 적극적으로 참여하고 있다. 이번에 그동안 제작했던 작품을 모아『지구의 숨결』이라고 하는 책을 펴내게 되었다. 이 책에는 우리가 그동안 잊고 지냈던, 또는 잘 모르고 있던 아시아와 유럽의 멸종 위기 동물들이 수록되어 있다. 이 책을 통해 독자들이 생물 다양성과 인간의 관계를 새롭게 인식하는 기회가 되었으면 좋겠다.
오충현(동국대학교 교수)

가장 최신의 생물 다양성 정보를 담은 '기억'을 중심으로 한 책이라 좋았다. 하나 뿐인 지구에서 함께 살아가는 친구들의 이야기를 세세하게 다루며 들려주는 책이다. 생물 다양성이 무엇이고 왜 중요한지를 이해하고 싶다면 꼭 읽어 보기를 추천한다.
타일러 라쉬(방송인)

멸종 위기종을 그려 내는 진관우의 그림은 독창적이며 독보적이다. 흘낏 보면 '그냥' 멸종 위기종인데, 인간이 붙여 준 그 종의 이름으로 그려 낸 작품이라는 걸 알게 되는 순간 보는 각도가 달라진다. 진관우는 그렇게 세상을 향해 외치고 있다. 제발, 이들을 기억해 달라고. 제발 더 이상 사라지지 않도록 애써야 한다고. 창의적인 진관우의 이번 책 『지구의 숨결』은 단순히 멸종 위기종 도감을 넘어 지속 가능한 공존의 방식을 묘사하고 있다는 점에서 가치가 크다.
김기정(뉴스펭귄 대표)

"말레이맥, 말레이맥, 말레이…" 한글로 한 땀 한 땀 동물을 그리며 중얼거리던 진관우 작가와의 첫 만남이 떠오른다. 이름을 부르면 동물을 응원하는 기분이 든다며 멋쩍게 웃던 얼굴도. 그 귀한 마음에 반응이라도 하듯, 많은 사람이 진관우 작가의 그림을 보며 멸종 위기 동물들을 응원하고 있다. 이 책을 보며 생물과 환경 지식을 키우는 것뿐만 아니라, 더 이상 외면할 수

추천사

없는 기후 위기 문제에 직면하는 시간이 되길 바란다. 또한 이 책이 멸종 위기 동물의 이름을 기억하고, 함께 사는 지구에 대해 생각하는 계기가 되길 바란다.
김정(어린이과학동아 편집장)

진관우 작가는 어릴 적부터 동물과 환경을 많이 알고 있는, 게다가 뛰어난 유머 감각으로 이야기를 재미나게 풀어내는 학생이다. 여기 이글은 순우리말 '숨탄것들'이 생물 다양성의 다채로움 속에 함께 사는 존재라는 통찰의 끈을 놓치지 않는다. 그래서 기후 위기 시대, 멸종 위기에 속한 생명들에 대한 애정 어린 사랑과 관심으로 곰국 우려내듯 진하고 재미있다. 미래가 촉망스런 그의 글을 읽어 보시라!
김영선(광주전남녹색연합 상임대표/생태학 박사)

작가의 글

제가 공부하는 바이오환경과학은 인간 문명이 발달함에 따라 어쩔 수 없이 발생하는 오염 물질로부터 어떻게 하면 인간과 자연이 공존하는 환경을 지킬 수 있는가를 연구하는 학문입니다. 저의 관심을 끈 첫 대상은 동물이었다가 환경 분야로 관심사가 확대되었습니다. 동물들이 살아가는 터전을 지키기 위해서는 먼저 환경에 대해서 알아야 했기 때문입니다. 동물을 향한 저의 사랑은 20년 전인 다섯 살 때로 거슬러 올라갑니다. 할머니께서 생일 선물로 주신 동물 모형에 흠뻑 빠진 꼬마아이는 동물 백과사전을 탐독하며 동물들의 다양한 생김새와 특징에 온통 마음을 빼앗겼습니다. 어느덧 시간이 흘러 어른이 된 지금까지도 제 사랑은 변하지 않았습니다.

사랑하는 대상을 깊이 알고 나면, 그것을 위해 무엇을 할지 고민하게 됩니다. 그래서 저는 생태계와 생물 다양성을 지키기 위한 활동을 하다가 '숨탄것들'이라는 프로젝트를 시작했습니다. '숨탄것'은 '숨을 쉬고 살아가는 모든 동물'을 일컫는 순우리말입니다. 하지만 숨을 쉬고 살아가는 것이 동물만은 아니기에 복수를 나타내는 접미사 '들'을 붙여서 더 넓은 범위의 생물을 뜻하고자 프로젝트의 이름을 '숨탄것들'이라고 지었습니다.

동물을 향한 제 사랑은 그림으로도 표현되었습니다. 어느 날 반달가슴곰의 귀가

'ㅂ'처럼 생긴 것에 흥미를 갖고 그리기 시작한 그림이 모이고 모여 수많은 작품으로 쌓였습니다. 그림을 보는 분들에게 정보를 제공하면 좋겠다는 생각에 글까지 쓰게 되었습니다. 정확한 정보를 전달하기 위해 더욱 깊이 연구하면서 예전에 몰랐던 사실도 새롭게 알아냈고, 그럴수록 동물들의 생태에 대해 널리 알려야겠다는 생각이 커졌습니다. 그리고 그 모든 시간과 애정이 모여 이렇게 한 권의 책으로 탄생하게 되었습니다.

이 책은 저의 신념을 지키고자 하는 마음가짐에서 출발했습니다. '기록하면 기억할 수 있다. 기록하면 찰나를 영원으로 만들 수 있다.' 이 말은 성인이 되면서부터 지금까지 제 마음속 가장 깊은 곳에 자리 잡은 신념을 표현한 것입니다.

보이지 않고 알지 못하면 관심을 가질 수 없습니다. 지금 이 순간에도 아무도 모르게 사라져 가는 수많은 존재들이 있습니다. 학창 시절의 친구를 일일이 기억하지 못하는 것처럼, 무언가를 기억하기 위해 노력하지 않으면 그 존재는 우리의 마음에서 지워집니다. 하지만 그 잊히고 사라진 존재와 나의 삶이 끈끈하게 연결되어 있다는 사실을 잊어서는 안 됩니다.

생물 다양성. 생태계 속 종과 유전자의 다채로움을 일컫는 이 말은 다양한 존재가 우리와 함께 생활하고 있음을 나타냅니다. 공존하기 위해서는 우리와 함께 살아가는 존재들에 대해서 알아야 합니다.

25년을 살았을 뿐인데도 저는 과거와 지금의 환경이 어떻게 달라졌는지 확실히 느끼고 있습니다. 하지만 아직 어린 친구들은 나날이 악화되어 가는 환경에 대해 심각함을 덜 느낄지도 모릅니다. 그래서 알려 주고 싶습니다. 아직 우리 곁을 떠나지 않은 친구들이 많이 있다고, 함께 살아야 할 친구들이 많다고, 우리는 절대 그 친구들을 떠나보내서는 안 된다고.

진관우

Part 1 아시아의 멸종 위기 동물들

시베리아호랑이 — 018
우리나라를 상징하는 대표 동물, 호랑이

두루미 — 022
선조들이 그려오던 그림 속의 새, 두루미

고라니 — 026
세계적인 멸종 위기종, 우리나라에서는 유해 야생 동물

자이언트판다 — 030
환경 보전 활동의 아이콘이 된 자이언트판다

반달가슴곰 — 034
반달을 가슴에 품은 반달가슴곰

레서판다 — 038
세상에서 가장 귀엽게 위협하는 동물, 레서판다

산양 — 042
조상의 형질을 가장 오랫동안 간직한, 살아 있는 화석

보르네오오랑우탄 — 046
멸종 직전 단계에 놓인 '숲에 사는 사람', 오랑우탄 이야기

유라시아수달 — 050
서서히 개체 수가 감소하는 수달 이야기

코모도왕도마뱀 — 054
지구상에서 가장 큰 도마뱀, 코모도왕도마뱀

아라비아오릭스 — 058
되살려진 아라비아오릭스, 하지만 사라지지 않은 위협들!

붉은머리독수리 — 062
우리가 알지 못하는 위험한 경고를 보내는 '감시종'

빈투롱 — 066
곰, 고양이, 원숭이? 빈투롱의 정체는?

차례

새앙토끼 — 070
햄스터 만한 덩치의 귀여운 피카, 새앙토끼

눈표범 — 074
중앙아시아 고산 지대의 무법자, 눈표범

검은볏긴팔원숭이 — 078
'나무에 사는' 유인원, 긴팔원숭이

슬로로리스 — 082
느리게 느리게 때로는 재빠르게, 슬로로리스

말레이맥 — 086
곰의 덩치, 코끼리의 코, 말의 발, 돼지의 몸매를 닮은 말레이맥

유령안경원숭이 — 090
영장류 중 유일한 육식 동물, 유령안경원숭이!

타킨 — 094
여름과 겨울에 사는 곳과 사는 모습이 달라지는 타킨

인도코뿔소 — 098
밀렵보다 기후 변화가 더 두려운 인도코뿔소

대모잠자리 — 102
바다거북의 등갑을 날개에 옮겨 놓은 듯한 대모잠자리

수원청개구리 — 106
경기도 수원에서 처음 발견된 수원청개구리

순다천산갑 — 110
인간의 욕심으로 멸종 직전에 놓인 순다천산갑

야크 — 114
길들여진 가축 야크 말고, 야생 야크 이야기

따오기 — 118
야생에서 절멸된 따오기 그리고 복원까지

Part 2 유럽의 멸종 위기 동물들

유럽햄스터 124
멸종 위기에 처한 야생의 유럽햄스터

유럽들소 128
유럽에서 가장 큰 육지 포유 동물, 유럽들소

큰뇌조 132
천둥소리를 내는 새, 큰뇌조

이베리아스라소니 136
이베리아스라소니의 복원 성공 요인은?

유럽밍크 140
야생 절멸 바로 직전 '위급'한 단계에 놓여 있는 유럽밍크

뒤영벌 144
대표적인 화분 매개 곤충, 뒤영벌

순록 148
크리스마스의 상징, 루돌프는 순록이다!

대서양퍼핀 152
화려한 부리를 가진 바다 앵무새, 대서양퍼핀

흰올빼미 156
해그위드로 전 세계인의 사랑을 받았던 흰올빼미

검독수리 160
최고의 사냥꾼, 검독수리

유럽비버 164
수중 생활에 적응해 댐을 만드는 바다삵, 비버 이야기

차례

유럽오소리 168
너구리로 오해를 받기도 하는 오소리 이야기

알파인아이벡스 172
개체 수가 서서히 줄어들고 있는 알파인아이벡스

유럽불곰 176
세계에서 가장 넓은 지역에 분포하는 불곰 이야기

불도롱뇽 180
검은색 몸에 노란 무늬를 가진 불도롱뇽

소나무산달 184
나의 이름은? 소나무산달

서유럽고슴도치 188
방어 무기, 뾰족한 가시를 가진 서유럽고슴도치

외뿔고래 192
길고 곧은 나선형 엄니를 가진 외뿔고래

 시베리아호랑이	 두루미	 고라니	 자이언트판다	 반달가슴곰	 레서판다
 산양	 보르네오 오랑우탄	 유라시아수달	 코모도왕도마뱀		 아라비아오릭스
 붉은머리독수리	 빈투롱	 새앙토끼	 눈표범	 검은볏 긴팔원숭이	 슬로로리스
 말레이맥		 유령안경원숭이	 타킨	 인도코뿔소	대모잠자리
 수원청개구리	 순다천산갑	 야크	 따오기		

Part 1
아시아의 멸종 위기 동물들

아시아는 세계에서 가장 큰 대륙입니다. 남북은 인도네시아에서 시베리아, 동서는 일본에서 튀르키예 및 아라비아에 걸치는 지역이지요. 지구 전체 육지 면적의 32%를 차지하고, 세계 인구의 약 60%에 이르는 많은 사람이 살고 있어요. 또 히말라야산맥과 같은 웅장한 산이 솟아 있는가 하면, 시베리아처럼 아주 추운 곳이 있고, 비가 많이 오고 더운 열대 우림이 펼쳐져 있기도 해요. 이처럼 다채로운 자연 환경 속에서 각각의 특징을 지닌 수많은 생물이 살아가고 있습니다. 하지만 세계자연기금(WWF)의 발표에 따르면 지난 50여 년 동안 아시아·태평양 지역의 야생 동물 개체군이 평균 55% 감소했다고 합니다. 인간의 이익을 위해 야생 동물의 서식지를 파괴하고, 자원을 남용하면서 발생한 일입니다.

러시아는 유럽대륙의 동부에서 시베리아에 걸쳐 있어 아시아로도, 유럽으로도 분류하기도 합니다. 이 책에서는 러시아를 유럽으로 분류했지만, 생물종의 서식지에 따라 시베리아호랑이처럼 아시아와 연관이 깊은 동물들은 아시아의 동물들로 분류하였습니다.

현재 아시아에서는 어떤 동물들이 멸종 위기에 처해 있을까요?

시베리아호랑이

영 명 Tiger
학 명 *Panthera tigris*
분 류 식육목 고양잇과(포유류)
분 포 일본을 제외한 동북아시아 지역
서식지 물가가 있는 산림 지대

우리나라를 상징하는 대표 동물, 호랑이

대부분의 나라들이 그 나라를 상징하는 대표 동물들을 하나씩 가지고 있습니다. 대한민국을 상징하는 대표 동물은 바로 호랑이입니다. 우리 조상들은 호랑이에 대한 두려움과 존경심을 동시에 가지고 있었습니다. 예로부터 전해 오는 민속화나 전래 동화 속에도 종종 등장하는 호랑이는 나쁜 귀신이나 역병을 물리치는 용맹스러움으로 잘 알려져 있습니다. 1988년 서울에서 열린 제24회 서울 올림픽의 마스코트 호돌이를 비롯하여 축구 국가 대표팀 유니폼에 그려진 로고, 평창 동계 올림픽의 두 마스코트 중 하나인 수호랑 등으로 호랑이는 우리나라를 상징하는 대표 동물로 널리 쓰여 왔습니다.

세계적으로도 대표적인 멸종 위기종이면서 우리나라를 상징하는 대표 동물, 호랑이에 대해 좀 더 살펴봅시다.

숲속의 왕, 호랑이

호랑이 6종의 아종 중 한반도에 살고 있는 호랑이는 시베리아호랑이로, 아무르호랑이 또는 한국호랑이라고도 불리며 고양잇과 동물 중 가장 크기가 큽니다. 몸길이는 2.7~3.9m에 달하고, 몸무게는 370kg까지 나가기도 합니다. 근육질인 체격과 강한 다리 그리고 균형을 유지하는 데 도움이 되는 긴 꼬리를 가지고 있습니다. 털은 두껍고 연한 주황색에서 짙은 적갈색까지 다양한 색상을 띠고 있으며, 검은 줄무늬를 가지고 있습니다. 시베리아호랑이의 큰 특징 중 하나로 머리의 줄무늬가 한자 왕(王)과 비슷하다는 점을 들 수 있는데, 그 이유로 산중호걸, 숲속의 왕으로 불렸던 것 같기도 합니다. 호랑이의 혀는 고양이의 혀처럼 뾰족한 돌기로 이루어져 있는데, 털을 단장하는 데 사용합니다. 고양이처럼 발톱도 숨길 수 있고, 나무도 타고 헤엄도 칠 수 있습니다. 시베리아호랑이는 다른 아종의 호랑이들과는 달리 유일하게 추운 지역에서 서식하며, 무려 1000km²나 되는 넓은 행동 영역을 가지고 있습니다.

인간과 호랑이의 혈투

조선 시대에는 호랑이가 많이 살았습니다. 조선 시대를 배경으로 한 사극을 보면 민가나 궁궐까지 덮치는 호랑이와 관련된 에피소드들이 등장하기도 합니다. 가축과 인명 피해가 많았고, 선조들은 이것을 호환(虎患)이라고 불렀습니다. 『조선왕조실록』에만 해도 '호랑이'라는 단어가 언급된 내용이 720건 이상 실렸답니다. 피해가 점점 심해지자 국가에서 착호갑사(捉虎甲士)라는 직업을 두었는데, 잡을 착(捉)에 범 호(虎)를 써서 말 그대로 호랑이를 잡는 사냥꾼들이었습니다. 숙종 22년에는 무려 1만 1천여 명 이상이 착호갑사로 동원되었다고 합니다. 이후 벌목과 화전을 이용한 농경지의 개발로 산림이 사라지고, 15세기 군사 훈련 등으로 사슴을 마구 사냥한 결과 호랑이의 먹이와 서식지는 점차 줄어들게 되었습니다. 그러다 일제 강점기 해수구제사업*으로 남한의 호랑이는 야생에서 절멸하게 됩니다. 다큐멘터리스트이자 자연문학가 박수용의 『꼬리』라는 책에 따르면 현재 전 세계에 남아 있는 호랑이들이 죽는 이유의 70~80%가 자연사가 아닌 덫과 올가미, 발목 지뢰, 사냥개와 밀렵꾼에 의한 것이라고 할 정도로 아직도 여전히 시베리아호랑이는 인간에 의해 많은 피해를 입고 있답니다.

우리나라에서도 시작된 시베리아호랑이 복원 사업

시베리아호랑이는 러시아 동부, 중국 동북부, 한반도 북부에 서식합니다. 인적이 드문 산속에 주로 서식하며, 일반적으로 단독 생활을 하지만 번식기 전후로는 암수가 함께 다닙니다. 강원도 깊은 산속에서 호랑이의 것으로 추정되는 발자국이 발견되었다는 주장이 있긴 하지만 공식적으로는 우리나라에서 시베리아호랑이가 완전히 멸종된 것으로 알려져 있습니다. 2018년 국립백두대간수목원에 복원 방사장인 '호랑이 숲'이 마련되고, 중국에서 시베리아호랑이 2쌍을 들여오면서 우리나라의 시베리아호랑이 복원 사업이 본격적으로 시작되었습니다. 현재는 기증받은 개체들을 포함해 총 7마리가 생활하고 있는 이 '호랑이 숲'은 동물원이 아닌 연구소이며 생태계 출발장이기도 합니다. 야생 호랑이들의 넓은 활동 영역을 감안하면 너무 좁은 곳이지만 1차 목표인 10마리의 개체 수를 채우고 나면 좀 더 본격적인 복원 단계로 업그레이드 될 예정이라고 하니 기대해 봐도 좋을 것 같습니다.

---

*해수구제사업 : 사람에게 위해를 끼치는 해로운 동물(해수害獸)들을 마구잡이로 포획하는 해수구제사업으로 인해 한반도 내의 호랑이, 표범, 곰, 늑대 등의 크고 작은 포식 동물이 멸종에 이르거나 위기에 놓이는 원인이 됐다. 조선 총독부 통계연보에 따르면 1915년부터 1942년까지 일제 강점기 해수구제사업으로 인해 호랑이 141마리, 늑대 2625마리 등이 포획되었다고 알려져 있다.

두루미

영 명 Red-crowned Crane
학 명 *Grus japonensis*
분 류 두루미목 두루밋과(조류)
분 포 러시아, 중국, 대한민국, 일본, 몽골
서식지 논과 갯벌이 있는 얕은 습지

선조들이 그려 오던 그림 속의 새, 두루미

500원짜리 동전 앞면에 그려진 새, 학을 자세히 본 적 있나요? 이 학이 바로 여기에서 살펴볼 두루미의 다른 이름이랍니다.

하얗고 고고한 자태, 우아하고 조화로운 춤선, 평생 함께하는 동반자와의 고결한 걸음걸이. 두루미는 자연에서도, 우리 민족 문화에서도 정말 신성한 동물로 여겨져 왔습니다. 건강을 기원하며 그리는 십장생도에도 등장하는 동물이고요. 이런 두루미들도 생태계에서 많은 위협을 겪고 있답니다. 우리나라에서는 갯벌의 매립, 해안 도로와 교각 건설, 농경지 감소 등으로 두루미의 월동지가 점점 줄어들고 있습니다. 겨울에 우리나라를 찾아와 논과 갯벌을 주 먹이터로 이용하는 두루미들이 계속해서 우리나라를 중간 기착지로 삼을 수 있을까요? 좀 더 자세히 살펴봅시다.

두루미의 특징

전 세계에 약 2300마리 정도밖에 남지 않은 두루미의 머리는 깃털로 덮여 있지 않고 붉은 두피가 노출되어 있어요. 때문에 붉은 정수리를 가진 학이라 하여 단정학(丹頂鶴)이라는 이름으로 불리기도 합니다. 두루미의 하얀색 깃털은 예로부터 고결하고 순결한 이미지로 많은 사랑을 받아 왔습니다. 두루미의 목과 다리, 둘째, 셋째 날개깃은 검은색이며, 부리는 노란색입니다. 어린 개체일 경우 검정색 부분이 연한 갈색을 띠고 깃털 끝이 황갈색인 것이 특징입니다. 최대 80년까지 살 수 있으며, 이 때문에 십장생, 김수한무 이야기 등 다양한 곳에서 장수의 이미지로 활용되었습니다.

두루미와 철원의 논 생태계

두루미는 매해 10월이면 대한민국으로 찾아와 2월 중순에서 3월까지 머물다가 다시 추운 곳으로 돌아가는 겨울 철새입니다. 우리나라는 두루미의 이주에 있어서 매우 중요한 중간 기착지의 역할을 합니다. 강원도 철원, 경기도 연천, 파주 등 DMZ와 주변 지역의 논 그리고 인천 강화도의 갯벌은 두루미가 쉬고 가기에 적합한 중간 기착지입니다. 철원은 두루미의 최대 월동지인데, 2021년 기준 1000마리 이상의 두루미와 5000마리 이상의 재두루미가 방문하는 이곳은 넓은 평야에 많은 논이 있어서 두루미들이 먹이 활동을 하기 좋습니다. 주변에는 한탄강이 있어서 먹이 자원이 훨씬 풍부하고요. 두루미는 논 습지 생태계와 농경 생활에도 큰 도움을 주어요. 두루미는 약 37kg의 먹이를 섭취하면 그중 체중의 3%를 배설하는데, 해당 배설물의 2%는 질소산화물로 이루어져 있어요. 이 질소는 자연적인 비료 역할을 하게 되는데, 이를 2022년에 찾아온 두루미 1200마리로 환산한 결과 겨우내 매일 6포대의 비료를 논에 뿌리고 가는 것과 맞먹는다고 합니다. 또한 두루미의 배설물이 토양의 미생물을 활성화시키고, 해충도 잡아먹어 주니 두루미가 우리나라를 찾아오는 것은 정말 큰 가치를 지닌 일입니다. 다행히 군민들도 이 사실을 알고 더욱 두루미 보존에 협조적이라고 합니다.

두루미가 겪는 다양한 위협들

보호를 위한 노력들도 존재하는 반면, 두루미는 다양한 위협에 직면하고 있습니다. 특히 볍씨에 묻은 농약으로 인한 중독 사고가 빈번하게 발생하고 있습니다. 농지에서 사용되는 농약이 두루미의 먹이에 묻어나오면 그것을 먹은 두루미는 중독되어 사망할 수 있습니다. 또한 전선과 철책에 걸려 사망하는 사고도 심각한 문제로 대두되고 있습니다. 최근 5년간 발생한 두루미 사고 중 90% 이상이 전선에 걸려 죽는 사고라고 보고되었습니다. 인구 고령화와 도심화 현상으로 인해 농경지가 줄어들어 두루미는 먹이를 찾기가 더욱 어려워지고 있습니다. 또한 무논이나 밭들이 콘크리트로 덮여 저장고로 사용되는 등 서식처의 부족과 장애물의 확대도 두루미에게 위험을 안겨 줍니다. 이러한 위협들을 해결하기 위해 보전 단체들과 정부는 두루미 보호를 위한 다양한 노력을 기울이고 있습니다. 전력선의 보호망 설치, 전선 지중화, 안전거리 유지 등의 조치를 통해 전선 걸림 사고를 예방하려고 하고 있으며, 농지 보전과 서식지 개선을 위한 프로그램을 추진하고 있습니다. 또한 농약 사용 규제와 교육, 대체적인 농업 방법의 도입 등을 통해 두루미의 농약 중독 사고를 줄이기 위한 노력도 이루어지고 있습니다.

고라니

영 명 Water Deer
학 명 *Hydropotes inermis*
분 류 소목 사슴과(포유류)
분 포 중국, 대한민국
서식지 산·강기슭, 들판, 풀숲, 경작지, 초지, 습지

세계적인 멸종 위기종, 우리나라에서는 유해 야생 동물

고라니는 몸이 황갈색을 띠고, 전체 몸길이가 80~100cm, 몸무게는 15kg 내외로 사슴류에서 사향노루 다음으로 작은 동물입니다. 암수 모두 뿔이 나지 않지만 수컷은 뾰족한 송곳니가 튀어나온 것이 특징입니다. 젖을 먹이는 다른 동물들과 마찬가지로 수컷의 몸집이 암컷에 비해 더 큽니다.

고라니는 주로 물가에서 살아서 영어로 Water Deer라는 이름을 가지게 됐고 수영도 매우 잘합니다. 이런 특징 때문에 속명에도 Hydro(물)와 potes(좋아하는)라는 단어가 들어가 있지요. 중국 동부 일부 지역과 우리나라에서만 살고 있는 고라니는 국제자연보전연맹(IUCN) 적색 목록에서 취약(VU) 단계로 지정되어 있습니다. 하지만 전 세계에 존재하는 고라니의 약 90%가 살고 있는 우리나라에서는 유해 야생 동물로 분류돼 수렵이나 포획까지 허용돼 있다니 대체 어떻게 된 일일까요?

고라니는 왜 우리나라에서 유해 야생 동물이 되었을까?

고라니는 중국과 우리나라에만 서식하고 있는 야생 동물입니다. 중국에서는 동부의 일부 지역에 서식하고 있으나 과거 남획의 결과로 개체 수가 급격하게 줄어 국가에서 보호종으로 지정해 특별 관리를 할 정도랍니다. 하지만 우리나라에서는 50~60만 마리 정도가 서식하고 있는 것으로 알려진 흔한 야생 동물입니다. 호랑이, 표범, 늑대 같은 천적이 없기 때문에 고라니와 같은 먹이 사슬 단계에서 중간을 차지하는 사슴과 동물들의 개체 수가 많아지다 못해 곤란한 지경에 이르렀습니다. 고라니는 다른 사슴들보다도 번식력이 좋은 데다, 농작물의 어린잎을 뜯어 먹어 농가의 피해가 해마다 커지고 있어 결국 환경부에 의해 유해 야생 동물로 지정돼 수렵과 포획이 허용되었답니다. 우리나라에서 고라니는 멧돼지 다음으로 농작물에 큰 피해를 끼치는 동물로 알려져 있습니다.

만약 우리나라에서 고라니가 사라진다면?

우리나라에서 고라니의 생태계를 위협하는 것은 포획과 수렵만이 아닙니다. '로드킬' 역시 고라니에게 당면한 심각한 문제인데, 어린잎을 좋아하는 고라니는 민가 근처나 고속 도로 인근으로 먹이 활동을 위해 다가왔다가 도로로 뛰어들어 교통사고를 유발하곤 합니다. 전국 고속 도로에서 로드킬을 당하는 동물 10마리 중 8마리가 고라니라는 조사 결과도 있을 정도인데, 연간 6만 건 이상의 고라니 로드킬이 발생하고 있답니다. 인간의 편의를 위해 산을 깎고 들판 한가운데로 길을 내면서 이전부터 삶의 터전이었던 야생 동물들의 길을 우리가 잘라 놓은 셈이지요. 로드킬을 막기 위해 생태 통로나 유도 울타리 등을 만들기도 하지만, 인간의 관점에서 설치가 편리한 곳에 만들어져 로드킬을 막는 데에는 한계가 있습니다.

전 세계에 존재하는 개체 수의 90% 가량이 살고 있는 우리나라에서 고라니를 지금처럼 계속 수렵하고 포획하며, 로드킬이 방치된다면 어떻게 될까요? 우리나라에서 고라니가 사라진다면 전 세계에서도 절멸을 피할 수 없게 되지 않을까요? 고라니처럼 일부 지역에서만 서식하는 동물이 그 지역에서 모두 사라진다는 것은 지구상에서 멸종된다는 것을 뜻하니까요.

건강한 생태계 복원을 위한 세계의 노력

우리나라의 고라니처럼 세계 각지에서도 사슴과 동물이 증가하면서 생태계가 망가지고, 사람도 피해를 받는 사례가 늘고 있습니다. 이를 해결하기 위해 세계 각국에서는 멸종 위기에 처한 먹이 사슬의 상위 포식자를 복원하여 생태계를 건강하게 지키고자 하는 프로젝트가 진행되기도 합니다. 미국의 옐로스톤 국립공원에서는 70년 전 사람들의 생명을 위협한다는 이유로 공원 내의 늑대들을 사살했던 것이 사슴들의 개체 수 증가로 이어져, 이파리를 뜯어 먹힌 나무들이 제대로 자라나지 못하는 심각한 문제가 지속되었습니다. 결국 건강한 생태계 복원을 위해 상위 포식자인 회색늑대를 복원하여 자연으로 돌려보냈고, 회색늑대들이 사슴을 사냥하며 개체 수가 줄어들었습니다. 그 결과, 사슴의 먹이였던 나무가 울창하게 자라나 사슴과 같은 먹이를 먹는 까치와 곰, 나무로 집을 짓는 비버 등이 다시 나타나기 시작하면서 국립공원의 생태계가 건강해졌답니다.

우리나라에서도 먹이 사슬의 최상위종인 반달가슴곰을 복원하고 있고, 토종 여우를 소백산 일대로 복원하기 위해 노력하고 있습니다. 고라니의 포식자인 반달가슴곰, 여우 등이 무사히 자연으로 돌아간다면 고라니의 수도 자연스럽게 줄어들어 원래의 건강한 생태계를 되찾을 수 있을 것으로 기대하고 있습니다.

자이언트판다

영 명 Giant Panda
학 명 *Ailuropoda melanoleuca*
분 류 식육목 곰과(포유류)
분 포 중국
서식지 1800~4000m의 산지 숲의 대나무나 조릿대가 우거진 곳

환경 보전 활동의 아이콘이 된 자이언트판다

중국 하면 떠오르는 동물 '자이언트판다'는 '대왕판다'라고도 불립니다. 야생에서는 중국에만 서식 중인 동물로 중국에서 엄격하게 관리, 보호되고 있습니다. 커다란 다크서클을 떠올리게 하는 귀여운 눈두덩이를 가진 자이언트판다는 과거 적색 목록 위기(EN) 단계에 이름을 올린 심각한 멸종 위기 종이었지만, 중국에서 많은 노력을 기울인 덕에 야생 개체 수가 증가하면서 2016년에는 적색 목록 취약(VU) 단계로 하향 조정됐습니다. 자이언트판다의 개체 수 회복은 세계적으로도 멸종 위기 동물의 성공적인 보존 사례로 꼽힙니다. 환경 보전 활동의 아이콘으로 불리며, 세계자연기금(WWF)의 로고로도 사용되고 있을 정도랍니다. 하지만 자이언트판다는 여전히 500~1000개체(IUCN 기준)가 야생에서 서식 중인 것으로 알려져 있어, 꾸준한 관심과 보전을 위한 노력이 필요한 상황입니다.

자이언트판다의 생존을 위협하는 것들?

몸길이 최대 150cm, 몸무게 70~160kg인 자이언트판다는 이름에 걸맞은 큰 몸집을 유지하기 위해 하루 약 38kg의 대나무를 먹습니다.

한때는 중국, 베트남, 미얀마 등 넓은 지역에 서식했던 자이언트판다가 야생에서 살아가기 위해서는 거대한 대나무숲이 필요하지만 도시 개발 등으로 인해 지속적으로 서식지가 파괴되면서 현재는 중국 남중부의 간쑤, 산시, 쓰촨 지역 내 고립된 산간에서 제한적으로 살아가고 있습니다. 하지만 계속되는 도시 개발, 지난 2008년 발생한 쓰촨성 대지진과 같은 자연재해 또 개홍역 바이러스 같은 전염병은 자이언트판다의 생존을 위협하는 문제들이랍니다.

자이언트판다, 중국을 상징하는 동물이 되다!

전 세계 자이언트판다는 야생에 1800여 마리, 사육되는 개체로는 약 400여 마리가 있습니다. 심각한 멸종 위기에서는 겨우 벗어났지만, 여전히 서식지인 대나무숲은 부족하고 그마저도 인간들을 위한 도로와 도시들로 가로막혀 단절되어 있는 실정입니다. 자이언트판다의 개체 수가 조금씩이나마 증가하고 있는 것은, 자이언트판다를 나라의 보물로 여기며 보호에 열을 올리는 중국 당국의 노력 덕분입니다. 중국은 판다만을 위한 전용 보호 구역 67곳을 지정했으며, 판다 보호를 위해 매년 약 2억 달러(약 3000억 원) 이상을 지출하는 등 적극적인 보호 조치를 취하고 있고, 판다를 사냥하거나 죽이거나 이에 가담만 하더라도 엄격한 처벌을 한다고 합니다.

세계 각국 동물원의 자이언트판다가 중국의 것이라고?

자이언트판다는 중국을 제외하면 우리나라 에버랜드처럼 세계 20여 개국의 동물원에서 생활하고 있는데, 이렇게 세계 각국 동물원에서 사랑받고 있는 자이언트판다가 중국의 소유라는 사실을 모르는 이들도 많습니다. 중국에서 각 동물원에 대여비를 받고 대여를 해 주고, 그 동물들이 낳은 새끼까지 엄격하게 관리합니다. 2016년 중국에서 우리나라 에버랜드로 이사를 온 수컷 러바오와 암컷 아이바오는 2020년 7월에 사랑스러운 아기 판다 푸바오를 낳았습니다. 푸바오처럼 다른 나라에서 태어난 아기 자이언트판다는 태어난 지 약 4년이 지나면 짝짓기를 위해 중국으로 보내야만 한답니다.

중국이 돈벌이 수단으로 자이언트판다를 대여한다는 등의 말들도 많습니다. 하지만 여기에도 숨어 있는 사실이 하나 더 있습니다. 지진이나 화재 같은 자연재해와 전염병과 같은 질병 감염 등의 사고를 대비해 중국 내 여러 곳의 시설을 확보하려고 노력하고 있지만 중국 내에서 대처 불가능한 심각한 문제가 발생했을 때를 대비하고 있는 것이기도 합니다. 동물원들이 동물들을 학대하고 있다고 많은 비난을 받기도 하지만, 이렇게 멸종 위기종의 보전과 그들의 미래를 대비하기 위해 보호와 연구를 하고 있으니 좀 더 애정 어린 눈으로 봐 줄 필요도 있어 보입니다.

가짜 엄지가 있다고?

자이언트판다와 레서판다는 공통점이 있습니다. 두 종 모두 여섯 번째 손가락이라고 불리는 가짜 엄지를 가지고 있다는 사실을 알고 있나요? 보이는 발가락은 다섯 개이지만 발가락뼈 하나가 더 발달해 있다고 해요. 이 가짜 엄지를 이용해 대나무를 잡고 잎을 떼어 낼 수 있답니다.

반달가슴곰

영 명 Asiatic Black Bear
학 명 *Ursus thibetanus*
분 류 식육목 곰과(포유류)
분 포 대한민국, 중국 북동부, 러시아 연해주 등
서식지 활엽수림이 우거진 산림 지대, 특히 기복이 있는 산악 지역

반달을 가슴에 품은 반달가슴곰

단군 신화에서부터 우리 민족과 함께해 온, 상징적 의미가 있는 반달가슴곰은 아시아흑곰의 아종이며 몸길이 약 1.9m, 꼬리 길이 약 8cm 정도로 불곰에 비해서는 몸집이 작은 편입니다. 광택이 있는 검은색 몸과 앞가슴에 반달 모양의 하얀 V자 형태의 무늬가 특징인데, 이 반달무늬는 개체에 따라 크기의 변이가 있고, 드물게는 반달무늬가 없는 개체도 있답니다. 반달가슴곰은 달달한 다래 같은 과실이나 도토리 같은 열매가 많은 울창한 숲 특히 기복이 있는 산악 지역을 좋아해 우리나라에서는 지리산 북부 고산 지대 활엽수림에 서식 중인데 보양을 위한 남획, 6·25 전쟁 등을 거치면서 서식 개체 수가 급감해 심각한 멸종 위기에 처했습니다. 우리나라에서는 1982년 천연기념물로, 2012년에는 멸종 위기 야생 생물 I급으로 지정되었고 세계적으로는 적색 목록 취약(VU) 단계로 분류되어 보호가 필요한 멸종 위기종입니다.

반달가슴곰의 개체 수는 왜 줄어들게 되었을까?

해수구제사업과 전쟁 그리고 밀렵. 반달가슴곰의 개체 수가 줄어들게 된 이유들입니다. 일제 강점기 조선 총독부가 '사람과 재산에 위해를 끼치는 해수(害獸)를 구제한다'라는 명분을 내세워 한반도 내 야생 동물에 대한 보전 정책 없이 야생 동물들의 퇴치와 포획을 주도한 것을 해수구제사업이라고 합니다. 여기서 말하는 구제는 '살려주다'는 뜻의 구제(救濟)가 아닌 '몰아서 해치우다'라는 뜻의 구제(驅除)입니다. 이 시기에 우리나라의 많은 생물들이 목숨을 잃었고, 기록문서상으로만 곰이 1076마리, 비공식적으로는 훨씬 더 많은 곰들이 목숨을 잃었습니다. 또 6·25 전쟁의 발발은 반달가슴곰뿐 아니라 많은 숨탄것들의 서식지를 황폐화시켰고, 이어 1980년대 몸보신을 위해 웅담을 채취하는 불법적인 밀렵이 성행하면서 반달가슴곰의 개체 수는 점점 더 줄어들었답니다.

반달가슴곰 복원 사업과 KM-53

2001년 4월 「대한민국 반달가슴곰 개체군 및 서식지 생존가능성 평가 워크샵」 결과 지리산에는 반달가슴곰이 5마리 정도만 남아 있는 것으로 추정돼 그대로 둘 경우 멸종될 위험이 매우 커 외부로부터 증식·복원 사업을 추진하게 됐습니다. 2004년 지리산국립공원에서 반달가슴곰의 복원 사업이 시작되었는데, 반달가슴곰의 복원 사업은 곰 한 종을 복원하는 것에 그치는 것이 아니라 지리산 전체 생태계를 복원하는 사업으로, 인간과 야생 동물이 공존하는 환경을 만드는 것이 그 목적입니다. 반달가슴곰 복원을 통해 최종적으로는 먹이 사슬 최상위 단계인 곰이 생태계 조절자로서의 역할을 수행하게 해 생태계의 균형을 유지하게 하는 것이랍니다.

KM-53은 2015년 1월 지리산 자연적응훈련장에서 태어난 수컷 반달가슴곰으로, Korean Male의 앞글자와 국내에서 태어난 53번째의 숫자를 따서 '오삼이'라고 부릅니다. 오삼이는 지리산국립공원에서 방사된 후 경북 김천의 수도산, 경상남도 합천, 충청북도 보은 등 다양한 곳을 다녔습니다. 그러던 어느 날, 겨울잠에서 깬 오삼이는 2018년 5월 5일 대전-통영 고속도로 생초나들목에서 교통사고로 앞다리에 골절이 생겼습니다. 치료와 회복 기간을 거쳐 다시 수도산에 방사되었는데, 오삼이는 방사된 후 수도산을 시작으로 가야산, 구미 금오산까지 이동했고, 영동과 옥천에서도 발견되었답니다. 이렇게 넓은 영역을 돌아다니는 것을 보면 반달가슴곰의 행동반경이 얼마나 넓은지 예상해 볼 수 있습니다.

2023년 6월 13일, 오삼이가 경북 상주시 민가 100m 주변까지 접근하는 등 인명사고를 일으킬 가능성이 있어 마취를 시도했고, 마취총에 맞은 채로 이동하다 계곡에 빠져 익사한 것으로 추정된다는 안타까운 소식이 전해졌습니다. 오삼이가 떠난 후, 전문가들 사이에서는 서식지 연결과 확대가 절실하다는 인식과 함께 반달가슴곰 복원 사업의 방향이 집중 논의되고 있답니다.

반달가슴곰은 지리산국립공원의 깃대종!

깃대종(Flagship Species)은 특정 지역의 생태·지리·문화적 특성을 반영하는 상징적인 야생 동식물로서 사람들이 보호해야 할 필요성이 인정되는 종을 말합니다. 국립공원공단에서는 2007년부터 우리나라의 21개 국립공원을 대상으로 총 41종의 야생 동식물을 깃대종으로 지정하여 관리하고 있습니다. 지리산국립공원은 노란색 꽃이 피는 히어리와 반달가슴곰을 깃대종으로 선정하여 보호하고 있답니다.

레서판다

영 명 Red Panda
학 명 *Ailurus fulgens*
분 류 식육목 레서판다과(포유류)
분 포 중국, 네팔, 인도, 미얀마, 부탄
서식지 철쭉, 참나무, 대나무 등이 자라는 산비탈과 해발 1400~1800m의 고지대

세상에서 가장 귀엽게 위협하는 동물, 레서판다

귀여운 외모로 많은 사랑을 받는 레서판다는 레드판다라고도 불리며, 무척 온순한 성격을 가지고 있습니다. 최대 17시간 동안 수면을 취하고, 에너지 충전을 위해 체중의 20~30%나 되는 대나무를 섭취합니다. 몸길이는 최대 60cm, 몸무게는 3~6kg밖에 되지 않는 작은 몸을 가졌지요. 몸이 작은 레서판다는 야생에서 상대를 위협할 때 몸을 크게 보이기 위해 두 발로 서서 앞발을 쭈욱 뻗어 올리는 행동을 하는데, 마치 반갑다고 두 팔 벌려 만세를 하는 것처럼 보여 세상에서 가장 귀엽게 위협하는 동물로 꼽히기도 한답니다. 레서판다는 현재 전 세계 야생에는 약 1만 마리 정도만 남아 있는 것으로 추정되는데, 이는 1997년에 비해 50% 이상 감소한 수치랍니다. 이마저도 밀렵과 서식지 파괴 등으로 심각한 위협을 받고 있어, 적색 목록 위기(EN) 단계에 올라 있습니다. 레서판다의 멸종을 막기 위해 전 세계적으로도 많은 연구와 노력들이 함께 이뤄지고 있습니다.

미평가	정보 부족	최소 관심	준위협	취약	위기	위급	야생 절멸	절멸
NE	DD	LC	NT	VU	**EN**	CR	EW	EX

줄어든 서식지, 살 곳은 인간이나 포식자의 곁!

호주 퀸즐랜드대학교 연구팀은 네팔의 레서판다 서식지에 관한 연구를 2022년에 과학 저널 경관생태학(Landscape Ecology)*에 발표했는데요. GPS 위치 추적 장치를 한 10마리의 레서판다를 12개월 동안 기록했고, 현장에 설치된 많은 카메라로 모니터링도 진행했다고 합니다.

이 연구 결과에 따르면 도로 개발과 산림의 벌채 등으로 서식지가 줄어든 레서판다가 사람이나 가축과 거리를 유지하려고 노력하면서 서식지가 단편화되고 개체군의 고립이 초래되고 있다고 해요. 엎친 데 덮친 격으로 서식지가 더욱 줄면서 레서판다가 인간이나 포식자 근처에서 살 곳을 찾아야만 하는 처지에 놓이기까지 했답니다. 도로와 기반 시설들이 건설됨에 따라 레서판다가 포식자를 피하는 능력이 크게 떨어졌고, 장기적으로는 사망률 증가와 개체 수 감소로 이어질 것을 우려하고 있습니다. 이에 짝짓기와 출산 시기에 맞춰 인간의 활동을 규제하고, 서식지 인근 도로에서 자동차의 속도 및 소음을 제한하는 등의 방안이 제안됐답니다.

눈 주위에 어두운 작은 반점을 가진 흰 얼굴의 레서판다

레서판다의 얼굴은 전체적으로 흰색입니다. 눈 주위에 어두운색의 작은 반점이 특징이지요. 동그랗고 납작한 얼굴에 짧은 주둥이와 뾰족하고 큰 귀를 가지고 있고요. 얼굴이 흰색이라고는 하지만 머리부터 몸의 윗부분과 등으로 이어지는 부분은 철이 녹이 슨 색깔부터 짙은 밤색까지 점점 짙어지는 매우 어두운색으로 이어져 있습니다. 날카로운 발톱을 가지고 있고, 필요에 따라서는 발톱을 감출 수도 있답니다. 꼬리에는 고리 형태의 무늬가 있고요. 털색이 매우 화려해 길고 거친 바깥

---

*Damber Bista, Greg S. Baxter, Nicholas J. Hudson, Sonam Tashi Lama&Peter John Murray, Landscape Ecologyvolume37, pages795-809 (2022)

털 속에는 빽빽한 솜털이 빼곡하게 채워져 있어 추위를 잘 타지 않는다고 합니다. 번식기를 제외하고는 거의 혼자서 생활하는 동물입니다. 잠에서 깨거나 먹이를 먹은 후에는 혀를 이용해 털 고르기를 한다니 마치 고양이의 그루밍을 보는 듯하겠지요? 레서판다는 야행성으로 낮에는 나무 위에 올라가 휴식을 취한답니다.

레서판다는 자이언트판다와 같은 곰일까?

레서판다는 렛서판다, 레드판다(붉은판다), 애기판다 등으로 불리기도 합니다. 그런데 레서판다를 너구리판다로 부르기도 했던 걸 알고 있나요? 너구리판다는 식육목 개아목 미국너구리과에 속해 있었으나 최근에는 독립적인 한 과인 레서판다과로 분류되고 있답니다. 레서판다가 곰과인 자이언트판다보다는 스컹크, 족제비와 더 가까운 것으로 밝혀졌답니다. '판다'라는 이름은 '대나무를 먹는다'라는 의미를 가진 네팔어 'nigalya ponya'에서 파생된 것인데요, 이 단어는 자이언트판다 이전에 레서판다에게 먼저 붙여진 이름이라고 해요. 대나무를 먹기 때문에 '판다'라는 이름이 붙었지만 곰과인 자이언트판다와는 달라도 너무 다르지요?

자기 영역이 중요해!

레서판다는 강아지처럼 영역을 표시하는 동물이에요. 오줌과 항문선 분비물을 나무나 바위에 바르거나 눈에 잘 띄는 곳에 변을 보며 영역 표시를 하지요. 또 발바닥에도 분비선이 있어 지나다니는 모든 길에 영역 표시를 합니다. 이상한 물체가 나타나거나 냄새를 맡으면 혀나 코를 이용해 끈질기게 알아내려 하는 특징도 있습니다.

산양

영 명 Long-tailed Goral
학 명 *Naemorhedus caudatus*
분 류 소목 솟과(포유류)
분 포 대한민국, 중국, 러시아
서식지 해발 1000m 이상의 침엽수림, 바위·절벽 끝, 관목이 있는 숲

조상의 형질을 가장 오랫동안 간직한, 살아 있는 화석

산양은 전 세계적으로 4종이 존재하는데, 우리나라에는 1종의 산양이 있으며 DMZ에서 지리산에 이르는 백두대간을 따라서 바위와 절벽으로 이뤄진 험준한 산악 지역에 2~5마리씩 무리 지어 살아가고 있습니다. 산양은 어깨 높이가 약 70~75cm, 몸길이 130cm 정도로 크기가 작으며 나뭇잎, 열매 등 다양한 식물을 주로 먹습니다. 천연기념물 및 환경부 지정 멸종 위기 야생 생물 I급으로 지정해 보호하고 있지만 서식지의 단절과 자연재해, 밀렵과 질병 그리고 근친 교배 등으로 멸종 위기에 처해 있어 2006년부터 월악산에서 산양 복원 사업이 시작되었습니다.

계통 진화학적으로 솟과 동물 조상의 형질을 가장 오랫동안 간직하고 있어서 살아 있는 화석으로 불립니다. 보통 발굽을 가진 동물은 발굽 부분을 움직일 수 없지만 산양은 발가락처럼 움직일 수 있는 특별한 형태를 가지고 있는데, 이는 발가락에서 발굽으로 진화하는 중간 단계로 볼 수 있다고 하네요.

조금 특별한 산양의 뿔

사슴의 뿔은 매년 빠지고 나기를 반복하는데, 산양의 뿔은 가지가 나거나 빠지지 않습니다. 산양의 뿔은 두개골의 일부가 자라고 표면은 우리 손톱과 같은 케라틴 질로 덮여 있습니다. 그래서 사슴, 소, 염소의 뿔은 뼈와 외벽으로 나눌 수 있는 반면 산양은 두개골이 전체 뿔을 만들고 그 위를 피부가 덮고 있답니다.

산양은 개체의 특성을 구별하는 가장 쉬운 방법이 뿔의 형태를 관찰하는 것인데, 어린 시절에는 작고 짧은 뿔을 가지며, 시간이 지남에 따라 뿔이 자라게 됩니다. 특히 수컷은 뿔의 성장 속도와 형태에 뚜렷한 변화가 나타납니다. 뿔의 튀어나온 고리 구조는 산양의 나이와 성별을 알려 주는 중요한 특징입니다. 어린 산양의 뿔은 고리가 적은 반면 성장하면서 고리의 수가 늘어나고, 수컷의 뿔은 자라면서 점점 밖으로 벌어지는 경향을 보이지요. 반면 암컷의 뿔은 직선적으로 자라며 11자 형태를 유지합니다. 이런 뿔의 특징을 통해 산양의 성별과 성숙도를 구별할 수 있답니다.

산양과 산불

우리나라에 사는 산양은 아무르산양, 긴꼬리산양이라고도 불러요. 극동 산림 지역에서 약 1만 마리가 서식하고 있는데, 우리나라 울진과 삼척 등지는 아무르산양의 가장 남쪽에 위치한 집단 서식지입니다. 지난 2022년에는 강원도 지역에 산불이 일어나면서 산양의 핵심 서식지가 약 40% 이상 훼손되었습니다. 당시 산불은 2만여 ha를 태웠고, 4600명이 넘는 이재민을 발생케 했습니다. 불탄 자리에 다시 풀과 나무가 자라기 시작하고, 대한민국산양보호협회 울진지회, 국립생태원, 울진군 등의 도움으로 꾸준하게 피해 기간 동안 먹이를 공급한 덕에 산양들도 다시 먹이 활동을 계속할 수 있게 되었습니다. 하지만 우려의 목소리 역시 큰데요, 산불이 일고 서식지가 안정적이지 못한 상황이기에 산양의 이동거리와 분포가 확산되었기 때문입니다. 도로의 개발과 벌목 등으로 파편화된 서식지를 넘나드는 과정에서 로드킬 역시 증가하고 있는 추세이기도 합니다.

산양과 케이블카, 보호종과 보호 지역

산세가 높은 산에 놓인 케이블카는 아름다운 전망을 편하게 볼 수 있는 기회를 제공합니다. 하지만 이 케이블카를 설치할 때는 주변 생태계에 많은 피해를 주기도 합니다. 그래서 이런 관광 시설 개발 사업을 진행할 경우 생물들에게 가는 피해를 최소화하기 위해 환경 영향 평가라는 것을 진행합니다. 설악산에 케이블카를 설치하는 사업은 사전에 멸종 위기종인 산양에게 가는 피해를 줄이기 위해 필수적으로 무인 센서 카메라를 설치하고 현장 조사를 실시해 직·간접 영향권 내 서식 현황을 파악해야 합니다. 또한 이 문제가 보호 지역과 연관이 되어 있을 경우 더욱 심도 있고 명확한 조사가 필요하고요. 특히 케이블카의 경우 등산로가 아닌 순수 자연 구간을 통과하기 때문에 해당 구조물들로 서식지 파편화가 일어날 수 있으며, 과거의 자료와 현재의 자료는 환경적으로 시기적으로도 차이가 분명히 생길 수 있어 현황 조사를 소홀히 해서는 안 됩니다. 보호종과 보호 지역을 설정하는 것은 그만큼 해당 생태계 구성 요소를 보호하여 지속적인 생태계 시스템을 운영해야 하기 때문입니다.

산양속(*Naemorheudus*)의 종류와 분포

영명	학명	IUCN 적색 목록 등급	분포
Long-tailed goral	*N. caudatus*	취약(VU)	대한민국, 러시아, 북한, 중국 등
Himalayan goral	*N. goral*	준위협(NT)	부탄, 중국, 인도, 네팔, 파키스탄 등
Red goral	*N. baileyi*	취약(VU)	중국, 미얀마, 인도 등
Chinese goral	*N. griseus*	취약(VU)	중국, 인도, 미얀마, 태국, 베트남 등

보르네오오랑우탄

영 명 Bornean Orangutan
학 명 *Pongo pygmaeus*
분 류 영장목 성성이과(포유류)
분 포 인도네시아, 말레이시아 보르네오 지역
서식지 과일이 많은 열대 우림 지역

멸종 직전 단계에 놓인 '숲에 사는 사람', 오랑우탄 이야기

인도네시아어로 오랑은 '사람'을 의미하고, 우탄은 '숲'을 의미하는 hutan에서 파생되었습니다. 즉, 오랑우탄은 '숲에 사는 사람'이라는 뜻입니다. 오랑우탄은 과일들이 많은 열대 우림 지역에 주로 서식하며, 수많은 과일들 중에서도 냄새가 지독한 두리안을 정말 좋아합니다. 그래서 오랑우탄의 똥은 세상에서 가장 냄새나는 똥으로도 알려져 있습니다. 가끔 흙을 먹기도 하는데, 이로 인해 주로 채식을 하는 식단에서 섭취하는 씨앗과 과일의 독성 중 하나인 탄닌과 과일의 산을 중화하고 무기염류를 섭취할 수 있다고 해요. 오랑우탄은 보르네오오랑우탄, 수마트라오랑우탄, 타파눌리오랑우탄이 존재하는데, 이 3종 모두 국제자연보전연맹(IUCN) 적색 목록에 멸종 직전인 위급(CR) 단계로 분류돼 보호 및 종 복원을 위한 시급한 대책이 필요한 상태랍니다. 멸종 위기에 놓인 오랑우탄들에 대해 좀 더 살펴볼까요?

오랑우탄의 넓은 뺨 패드

성적으로 성숙한 수컷 오랑우탄은 신체적인 변화가 두드러지는데, 얼굴 양옆으로 뺨 패드가 확연하게 커집니다. 덩치가 커짐과 동시에 눈에 띄게 넓어진 뺨 패드는 성인 수컷 오랑우탄을 시각적으로 돋보이게 만들어 더 위협적으로 보이게 합니다. 일반적으로 암컷 오랑우탄은 뺨 패드가 더 크고 도드라지는 수컷을 선호한다고 해요. 이는 보통 뺨 패드가 큰 오랑우탄들이 지배적인 위치에 있고, 안정적인 계급에 있기 때문이랍니다.

보르네오오랑우탄의 울음주머니

오랑우탄의 수컷과 암컷 모두 목구멍에 주머니가 달려 있는데, 이 울음주머니 덕에 수컷의 울음소리는 80m 밖까지 들릴 수 있다고 합니다. 보르네오오랑우탄은 수마트라오랑우탄보다 더 넓은 얼굴과 더 큰 울음주머니를 가지고 있습니다. 또 보르네오오랑우탄은 털색이 더 어둡고 일반적으로 갈색, 적갈색 또는 주황색이며 더 거친 질감의 털을 가지고 있습니다. 반면 수마트라오랑우탄은 길고 주황색이 많이 섞인 털로 덮여 있습니다. 일반적으로 보르네오오랑우탄은 수마트라오랑우탄보다 땅에서 더 많은 시간을 보내는데, 보르네오오랑우탄은 수마트라오랑우탄보다 낮은 지대에서 서식하는 것이 차이입니다. 타파눌리오랑우탄은 다른 오랑우탄들보다 털이 더 곱슬거리며 크기가 작고, 애벌레와 솔방울을 먹는 등 다른 종에서는 볼 수 없는 독특한 식습관을 보인답니다.

전 세계에는 3종의 야생 오랑우탄이 있는데, 모두 IUCN 적색 목록 위급(CR) 단계에 올라 있어 야생에서의 멸종을 심각하게 걱정해야 하는 상태에 놓여 있습니다. 야생에서의 오랑우탄은 인도네시아와 말레이시아의 영토에 속하는 보르네오섬과 인도네시아 수마트라섬에서 서식하고 있습니다. 오랑우탄의 약 85%는 인도네시아에 서식하며, 나머지 15%는 말레이시아 사바와 사라왁 지역에서 발견됩니다.

숲의 사람이라고 불리는 오랑우탄은 사람과 같은 영장목 성성이과에 속합니다. 성성이과를 사람과라고 하기도 합니다. 사람과(*Hominidae*)에는 오랑우탄아과 1속(오랑우탄 3종)과 사람아과 3속(고릴라속 2종, 침팬지속 2종, 사람속 1종)이 있습니다. 사람과 꽤 가까운 대형 유인원인 보르네오오랑우탄이 숲의 사람으로 오래도록 살아갈 수 있도록 관심이 필요한 때입니다.

보르네오오랑우탄과 팜유

팜유는 기름야자에서 추출한 기름을 의미하는 말로, 우리 생활 속에서 튀김, 과자, 라면, 마가린, 비누 등에 정말 폭넓게 사용되고 있습니다. 인도네시아와 말레이시아가 팜유의 주요 생산국인데, 특히 인도네시아의 경우 해마다 1500만 톤 이상의 팜유를 추출한답니다. 전 세계적으로 축구장 300개 크기의 열대 우림이 매시간 개간되는 것으로 추정되며, 개간된 땅에서 가장 많은 부분이 팜유의 생산을 위해 쓰인답니다. 이때 열대 우림을 불태우는 방식으로 땅을 개간하는데, 불타는 열대 우림에서 살아남은 오랑우탄들도 대부분은 죽임을 당하거나 팔려갑니다. 이와 같은 방식의 개간은 오랑우탄뿐 아니라 빈투롱, 사향고양이, 슬로로리스 등 다양한 야생 동물들에게 큰 피해를 끼칩니다. 보르네오오랑우탄 개체 수는 지난 50년 동안 60% 이상 감소했으며 종의 서식지는 지난 55년 동안 최소 20% 감소했습니다. 인간과 오랑우탄의 갈등으로 인해 해마다 약 750에서 1250마리의 오랑우탄이 사라지고 있답니다. 멸종 직전 단계에 놓인 오랑우탄을 위해 우리 인간들이 공존할 수 있는 방안을 찾아야 하는 것이 아닐까요?

유라시아수달

영　명 Eurasian Otter
학　명 *Lutra lutra*
분　류 식육목 족제빗과(포유류)
분　포 유라시아 대륙 전반
서식지 어류가 서식하는 하천

서서히 개체 수가 감소하는 수달 이야기

수달은 전 세계에 13개의 아종이 존재합니다. 그중 우리나라에서 보이는 수달은 유라시아수달이고요. 수달의 먹이는 80% 이상이 민물고기입니다. 과거 우리 조상들은 수달이 민물고기를 여러 마리 잡아서 돌 위에 올려놓고 특유의 손을 모으는 동작을 하는 것을 보고 '물의 신에게 제물을 바쳐 제사를 지내는구나'라고 생각했다고 해요. 시를 지을 때 많은 참고 서적을 벌여 놓은 모습을 '달제어(獺祭魚)'라고 표현하는데, 바로 수달이 먹이를 여기저기 펼쳐 놓는 행위에서 비롯된 단어라고 합니다. 수달은 우리나라에서 환경부 멸종 위기 야생 생물 I급이자 천연기념물로 지정되어 있습니다. IUCN 적색 목록에는 비교적 위급한 단계는 아닌 준위협(NT) 단계로 분류되고 있지만, 개체 수가 서서히 감소하고 있다고 보고된 만큼 보호와 관심이 필요한 종입니다. 또 IUCN에서는 '수달은 해당 지역 수환경의 건강도를 판단할 수 있는 수환경의 지표종이다'라고 보고하고 있답니다.

수중 생활에 적합한 수달의 몸

몸길이 65~120cm, 몸무게 5~14kg인 수달은 뻣뻣한 바깥 털과 부드러운 솜털 이중의 층으로 이루어진 털을 가지는데 잠수 시 방수 효과와 체온 유지에 도움이 된답니다. 또한 수영을 빠르게 잘하기 위해 짧은 다리를 가지고 있으며, 앞뒤 5개의 발가락 사이에는 물갈퀴를 가지고 있습니다. 근육을 자유자재로 움직일 수 있는 콧구멍과 귓구멍을 여닫아 물이 들어가지 않게 할 수 있습니다. 몸의 전반적인 형태가 유선형이기에 수중 저항을 최소화하여 움직일 수 있도록 진화하였고, 기다란 꼬리는 방향 조절기 역할을 하여 물속에서 자유자재로 방향을 바꿀 수도 있습니다. 지금까지 살펴본 바에 의하면 수달은 꽤 수중 생활에 적합한 외형적 특징을 가지고 있지요?

수달은 어디에서, 어떻게 살아갈까?

유라시아수달은 20세기 후반에 주로 살충제로 인한 하천 오염, 서식지 파괴와 밀렵으로 개체 수가 감소하였습니다. 그중 댐을 만들거나 수중보를 만드는 하천의 정비 사업이 주요 원인으로 꼽히고 있는데, 자연 하천을 시멘트로 정비하는 과정에서 흙과 바위가 있는 구멍이나 나무 뿌리로 만들어진 구멍을 이용하는 수달이 보금자리를 만들지 못하고 떠돌아다니는 현상이 일어나며, 이런 정비 사업으로 일본에서는 이미 야생 절멸하였습니다. 수달은 넓은 영역에서 서식하는 것이 아니라 한 하천을 중심으로 행동권을 유지하는 선형세력권을 가지는 특성이 있어 상·중·하류를 왔다 갔다 할 가능성까지 생각해야 하므로 여러 번 발견된다고 해서 개체 수가 많다고 확신을 해서는 안 된답니다. 이 수달들의 개체가 유지되려면 하천 생태계가 유지되어야 하고, 인위적인 개입이 최대한 일어나지 않아야 하겠지요?

하천에 사는 수달이 왜 로드킬을 당하는 걸까?

수달의 생태계를 위협하는 요인은 앞서 말한 댐이나 수중보 건설과 같은 하천 정비 사업 외에도 물고기를 잡으려고 설치한 통발과 그물, 또 고기와 모피를 얻으려는 밀렵 등이 있었습니다. 수달 역시 차량과 충돌하는 로드킬이 많이 발생하는데, 국립생태원이 2019년부터 3년간 조사한 결과 268마리가 목숨을 잃었다고 합니다. 대규모 관광 산업의 개발과 도로의 확장은 수달로 하여금 더 넓은 행동반경을 찾을 수밖에 없게 만듭니다. 하천을 중심으로 하는 행동권역에 장애가 생기면 수달은 먹이와 보금자리를 찾기 위해 하천이 아닌 곳으로 이동할 수밖에 없고 불가피하게 도로를 건너게 되는 것이지요. 고속 도로 외의 지역에서 천연기념물의 사체가 발견되면 지자체는 사체를 회수하여 문화재청에 신고하여야 합니다. 신고서에는 꼭 이를 증빙할 수 있는 사진이 있어야 하는데, 그래야 추가 조사나 부검 및 연구를 할 수 있는지 전문가들이 가늠할 수 있기 때문입니다. 이런 체계를 우리들이 인지하고 실천해야 더 많은 로드킬에 대한 대응책이 연구될 수 있답니다.

수달과 해달, 어떻게 다를까?

수달과 해달은 같은 식육목 족제빗과에 속하고 생김새도 비슷하지만 분명 다른 종이랍니다. 수달과 해달의 생김새를 쉽게 구분하는 방법으로 '딱 봤을 때 똑소리 나게 생긴 수달 vs. 나한테 조개를 뺏겨도 '어어?' 할 거 같은 해달'이라는 말이 우스갯소리처럼 떠돌기도 합니다. 수달은 민물에서, 해달은 바다에서 살아갑니다. 해달은 수달과 달리 배영 자세로 떠다니며 먹이를 먹거나 휴식을 취하기도 한답니다.

코모도왕도마뱀

영 명 Komodo Dragon
학 명 *Varanus komodoensis*
분 류 뱀목 왕도마뱀과(파충류)
분 포 인도네시아
서식지 맹그로브숲, 스텝 기후, 사바나 기후

지구상에서 가장 큰 도마뱀, 코모도왕도마뱀

지구상에 현존하는 도마뱀 중 가장 큰 친구는 바로 코모도왕도마뱀입니다.

몸길이는 최대 3m까지 자라며, 최대 몸무게는 무려 165kg에 달하기도 한

다고 합니다. 인도네시아 코모도섬에 살고 있는 대형 도마뱀인 코모도왕도마뱀은 낮에는 자신의 행동권을 돌아다니며, 썩은 고기와 곤충, 작은 새, 작은 포유류, 작은 파충류 등을 먹는 것으로 알려져 있습니다. 몸집이 커서 빠르게 움직여 사냥을 하는 것이 어려울 것 같지만, 놀랍게도 사냥 성공률이 최대 90%일 정도로 사냥에 특화된 친구랍니다. 코모도왕도마뱀은 독이 섞인 침을 가진 것으로 알려져 있습니다. 무시무시한 몸집에 강력한 이빨과 엄청난 무는 힘 게다가 이빨 사이의 치명적인 독샘까지 가지고 있다니 최상위 포식자다운 면모를 다 가지고 있지요? 코모도 드래곤(Komodo Dragon)이라는 영어 이름을 가진 코모도왕도마뱀이 정말 용을 닮았는지 한번 살펴볼까요?

미평가	정보 부족	최소 관심	준위협	취약	위기	위급	야생 절멸	절멸
NE	DD	LC	NT	VU	EN	CR	EW	EX

거대한 몸집의 코모도왕도마뱀이 사냥을 한다고?

대부분의 솟과, 사슴과 동물들은 코모도왕도마뱀보다 크기 때문에 공격을 당할 수 있다는 가능성을 의식하지 못합니다. 그러는 사이 코모도왕도마뱀은 조심스레 먹잇감에게 다가가 다리를 물어 버립니다. 코모도왕도마뱀은 약 60개의 강력한 이빨을 가지고 있으며, 제곱센티미터당 4kg의 강력한 치악력(무는 힘)을 가지고 있습니다. 또 이빨 사이의 독샘에서 분비되는 독침에는 30여 가지의 독성 물질이 먹잇감의 피부 2.5cm 속까지 깊숙하게 파고듭니다. 한 번 주입되면 먹잇감이 도망가고 코모도왕도마뱀은 해당 먹잇감을 천천히 며칠간 따라다닙니다. 독소가 먹잇감에 퍼지면 신경독으로 인해 마비가 오기 시작하고, 끝내 쓰러져 코모도왕도마뱀의 먹이가 되는 것이지요. 코모도왕도마뱀은 혀를 이용해 10km나 멀리 떨어진 곳의 먹잇감의 위치까지도 알 수 있답니다. 입천장의 제이콥슨기관으로 화학 물질을 감지하고, 혀의 양옆 신경으로 화학 물질이 어디서 왔는지 찾아낼 수 있다고 해요. 마비가 온 먹잇감을 찾으면 여러 마리의 코모도왕도마뱀이 함께 식사를 합니다. 한 번의 식사에 자기 몸무게의 80%까지 먹어 치울 정도로 엄청난 대식가랍니다.

신기한 코모도왕도마뱀의 단성 생식

코모도왕도마뱀은 야생에서 5~8월 사이에 암컷과 수컷이 짝짓기를 하고 9월에 모래 깊숙한 곳에 알을 낳아서 부화시킵니다. 이 경우에는 암컷과 수컷이 섞여 있겠지요? 하지만 암컷 코모도왕도마뱀은 환경 조건에 따라서는 단성 생식도 할 수 있어요. 단성 생식은 처녀 생식, 무정 생식이라고도 하는데 난자에 정자가 침입하지 않았는데도 난자가 활성화되어 수정 없이 난자의 분할이 일어나는 경우를 말합니다. 짝이 없이 홀로 알을 낳을 수 있다는 뜻이지요. 단성 생식을 통해 암컷 코모도왕도마뱀은 수컷 없이 건강한 알을 낳을 수 있지만, 코모도왕도마뱀의 경우에는 이렇게 해서 낳은 모든 자손이 수컷이랍니다. 우리 인간의 염색체는 여성이 XX, 남성이 XY이지만 코모도왕도마뱀의 경우 암컷이 서로 다른 성염색체를 가지고 있는데, 암컷이 WZ, 수컷이 ZZ라고 해요. 암컷이 단성 생식을 하면 알의 염색체는 WW와 ZZ만 남게 되는데, 이때 WW로 만들어지는 알은 무정란으로 부화를 할 수 없어 ZZ 즉 수컷 코모도왕도마뱀만 나오게 되는 것이랍니다.

코모도왕도마뱀은 피부에 뼈가 있다고?

코모도왕도마뱀의 피부를 자세히 보면 수만 개의 작은 뼈로 덮여 있습니다. 이런 형태의 피부를 골배엽(Osteoderm) 구조라고 해요. 물론 갓 태어난 코모도왕도마뱀에겐 없지만 점점 나이가 들수록 뼈로 인해 만들어진 퇴적물이 쌓여 갑옷 같은 가죽을 만들어요. 학자들은 코모도왕도마뱀이 최상위 포식자이기 때문에 적의 위협을 방어하기 위해 골배엽이 생겼다기보다는 번식 경쟁과 먹이 경쟁 시 자신을 보호하기 위해 만들어진 구조라고 이야기합니다. 코모도왕도마뱀은 번식기가 되면 수컷들이 암컷을 차지하기 위해 싸우는데, 꼬리로 몸을 지탱하고 일어서서 치고받고 싸웁니다. 그 과정에서 머리 혹은 목 쪽을 물리면 서로에게 치명적이겠지요? 그래서 이를 보호하기 위한 헤드기어의 역할, 천연 사슬 갑옷의 노릇을 이 골배엽이 해 줄 수 있다고 하네요. 공룡 연구에서 보인다는 골배엽이 코모도왕도마뱀의 피부에서 발견된다니 정말 살아 있는 공룡이 아닌가 의심이 생길 만하겠지요?

아라비아오릭스

영 명 Arabian Oryx
학 명 *Oryx leucoryx*
분 류 소목 솟과(포유류)
분 포 아라비아반도, 이집트 등
서식지 사막 지역

되살려진 아라비아오릭스, 하지만 사라지지 않은 위협들!

아라비아오릭스는 요르단, 오만, 아랍 에미리트 연합국, 바레인, 카타르의 국가 동물로 지정되어 있으며 사막의 유니콘이라는 별명을 가지고 있습니다. 아라비아오릭스는 모래와 자갈 사막, 평원과 낮은 모래 언덕에 사는데요, 여름에는 낮의 더위를 피해 그늘에서 쉬고 밤에 먹이를 먹으며, 겨울에는 낮에 먹이를 먹고 밤에는 차가운 사막 바람을 피합니다.

밀렵과 개발 등 사람들에 의한 간섭은 아라비아오릭스 생태계에 치명적이었습니다. 1970년대에는 더 이상 야생 오릭스가 없는 것으로 알려져 있었을 정도였지요. 하지만 여러 생태학자들과 과학자들의 노력 덕분에 현재 자연 서식지에서 생활하는 아라비아오릭스의 개체 수는 천 마리 이상이라고 합니다. 그렇다고 위협이 완전히 사라진 것은 아니라고 하는데, 되살려진 아라비아오릭스의 이야기를 좀 더 살펴볼까요?

사막에 완벽 적응한 아라비아오릭스

아라비아오릭스의 평균 몸길이는 160cm이고 평균 체중은 65~70kg입니다. 암컷과 수컷 오릭스 모두 약 60cm의 뿔이 자라며 크고 벌어진 발굽은 아라비아오릭스가 모래 언덕에 발을 디딜 수 있도록 도와줍니다. 아라비아의 건조한 평원과 사막에 서식하는 아라비아오릭스의 체온은 세포의 손상 없이 45도까지 올라갈 수 있어요. 이는 50도까지 올라가는 아라비아 사막 지대에 적응한 결과물이지요. 아리비아오릭스는 후각과 체력도 정말 좋아요. 오릭스 한 마리가 신선한 풀의 냄새를 맡고 18시간 동안 93km를 이동하여 먹이를 먹었다는 이야기도 있습니다. 사막의 건조한 지형에 특화되어 한 번 물을 마시면 최대 6개월간 물을 먹지 않아도 살 수 있다고 해요. 아라비아오릭스의 몸은 전체적으로 흰색이며, 코와 뺨에는 검은색 부분이 있습니다. 흰색 털은 햇빛을 반사하여 체온 조절에 도움을 주고, 검은 부분은 눈부심을 최소화시켜 주는 역할을 합니다. 이 정도면 사막에 정말 완벽 적응한 게 아닐까요?

아라비아오릭스의 멸종 선언! 그리고…

아라비아반도에 사는 베두인족은 가죽과 고기를 얻기 위해 아라비아오릭스를 사냥했었어요. 그때 아라비아오릭스의 옆모습을 보고는 뿔이 하나로 겹쳐 보였기 때문에 유니콘과 닮았다고 사막의 유니콘이라는 별명을 붙였답니다. 2차 세계 대전 이후 총기가 더 많이 보급되고 운송 수단의 발달 그리고 스포츠 사냥의 성행으로 점점 많은 아라비아오릭스가 사살당했고, 1972년에 마지막 야생 아라비아오릭스가 이 총에 맞아서 야생에서의 멸종이 선언되었습니다. 이에 심각성을 느낀 많은 아리비아반도의 국가들은 대책을 세우기 시작합니다.

오릭스 작전! 아라비아오릭스를 되살리다!

1972년 야생에서의 멸종이 선언되었던 아라비아오릭스는 적극적인 보호 정책과 재도입 노력 덕분에 2011년에는 멸종 취약(VU) 단계로 상황이 개선되었습니다. 1963년 미국 애리조나에 있는 피닉스 동물원에 31마리의 오릭스를 보내면서 오릭스 작전(operation oryx)이 본격적으로 시작되었지요. 오만은 제일 처음 1982년 중부 사막 지역을 중심으로 10마리의 아라비아오릭스 방사를 시작했습니다. 그 뒤 1989년 사우디아라비아 야생동물위원회의 보전 프로젝트와 사우디아라비아 국립야생동물연구센터의 포획번식 프로젝트가 진행되었고, 이스라엘은 1997년, 아랍 에미리트는 2007년, 요르단은 2014년부터 재도입 프로젝트가 시작되었다고 해요. 현재 야생에는 약 1220마리 정도의 아라비아오릭스가 생존해 있으며, 방사되지 않은 개체만 약 7000마리라고 하니 매우 성공적인 복원 사례 중 하나라고 할 수 있겠습니다.

아라비아오릭스 보호 지역(Arabian Oryx Sanctuary)

아라비아오릭스 보호 지역은 사람들의 남획으로 멸종 위기에 처한 아라비아오릭스를 보전하기 위해 방목한 곳인데, 오만 중부 지다드알하라시스평원 2만 7500km^2에 펼쳐져 있습니다. 사막 지대이지만 관목과 여러 종류의 풀들이 자라 아라비아오릭스가 서식하기에 좋은 자연환경을 가지고 있는 이 지역은 1994년에 유네스코 세계 자연 유산으로 지정되었다가 오만 정부가 보호 구역을 90%까지 줄이는 바람에 2007년에는 지정이 해제되었는데, 이는 세계 유산 목록에서 삭제된 첫 사례이기도 합니다.

미평가	정보 부족	최소 관심	준위협	취약	위기	위급	야생 절멸	절멸
NE	DD	LC	NT	VU	EN	CR	EW	EX

붉은머리독수리

영 명 Red-headed Vulture
학 명 *Sarcogyps calvus*
분 류 매목 수릿과(조류)
분 포 인도, 네팔, 파키스탄, 라오스
서식지 초원, 건조한 낙엽수림 지대, 사막

우리가 알지 못하는 위험한 경고를 보내는 '감시종'

독수리는 가장 뛰어난 자연의 청소부답게 다량의 썩은 고기를 먹어 치웁니다. 독수리의 위산은 산성도가 높아 사체에 있는 거의 모든 바이러스와 박테리아를 소멸시킬 정도입니다. 독수리의 이러한 먹이 활동은 방치된 사체로 인해 발생할 수 있는 인수 공통 감염병인 브루셀라증, 결핵, 탄저균 등의 전염병의 확산을 억제하고 생태계 균형을 유지하는 데 도움을 줍니다. 독수리의 개체가 급감한다는 것은 인간의 건강과 환경에도 영향을 끼친다는 뜻이 되겠지요. 갱도 안의 일산화탄소에 민감하게 반응했다는 '탄광의 카나리아'처럼 독수리도 우리가 알지 못하는 위험한 경보를 보내는 '감시종'의 역할을 하고 있답니다. 전 세계 23종의 독수리 중, 2020년 기준으로 IUCN 적색 목록 취약(VU), 위기(EN), 위급(CR) 단계에 접어든 것은 총 13종입니다. 개체 수 감소 속도가 눈에 띄게 빠른데 이런 속도라면 몇 년 안에 지구상에서 절멸될 독수리들이 있다는 뜻이랍니다.

대머리독수리라고도 불리는 아시아의 왕독수리, 붉은머리독수리

붉은머리독수리는 이름 그대로 붉은색의 머리, 목, 다리를 가지고 있으며, 그 외의 털은 주로 검은색을 띠고 있습니다. 수컷은 더 옅고 희끄무레한 홍채를 가지고 있으며 암컷은 짙은 갈색 홍채를 가지고 있습니다. 동물의 사체를 뜯어 먹고 살며, 전 세계에 얼마 남지 않아 IUCN 적색 목록 위급(CR) 단계로 지정되어 있는 친구입니다.

붉은머리독수리의 학명은 *Sarcogyps calvus*인데, calvus는 라틴어로 '대머리'를 의미합니다. 머리와 목에 크고 붉은 맨살이 있어서 붙여진 이름입니다. 붉은머리독수리는 몸길이 75~85cm, 몸무게 3.5~5.5kg, 날개 길이는 200~230cm의 비교적 큰 새입니다. 큰 크기 때문에 아시아 왕독수리라고도 불리며, 인도 퐁디셰리 지역에서 발견되어서 인도 검은독수리 또는 퐁디셰리 독수리라고 불리기도 합니다. 광활한 시골, 숲이 우거진 언덕, 건조한 낙엽 활엽수 숲 또는 강 계곡, 사막, 습지 및 산기슭에서 자주 볼 수 있으며 일반적으로 해발 2500~3000m를 넘지 않는 곳에서 발견된다고 해요.

벌쳐(vulture)와 이글(eagle)의 차이는?

흔히 독수리라고 하면 vulture 그리고 eagle 이렇게 두 가지 영어 단어가 떠올려집니다. 두 단어는 먹이를 먹는 것에 큰 차이가 있다고 해요. 벌쳐(vulture)는 주로 동물의 사체를 먹기 때문에 자발적으로 사냥하는 빈도가 매우 적습니다. 부리가 매우 발달해 있으며, 굵은 부리로 사체를 잘 찢어서 먹을 수 있죠. 반면 이글(eagle)은 대부분 직접 사냥을 더 많이 하고 부리보다 발톱이 훨씬 발달되어 있습니다. 공중에서 먹잇감을 보고 쏜살같이 날아와 먹이를 낚아챌 때 이 발톱은 큰 역할을 하죠. 그래서 보통 벌쳐(vulture)는 독수리, 이글(eagle)은 수리라고 이야기하지만, 실제로 제대로 분류가 되어 있지 않은 종들도 많답니다. 그래도 따져 보자면 붉은머리독수리는 이글이 아닌 벌처에 가깝다고 할 수 있겠네요.

붉은머리독수리와 디클로페낙

많은 독수리들이 약물로 인한 2차 중독으로 개체 수가 급감했다는 보고가 있었습니다. 붉은머리독수리 역시 약물 중독으로 많은 개체 수가 감소했는데, 2003년 페레그린 펀드라는 맹금류 보호 단체에서 이 약물과 붉은머리독수리의 관계에 대해 밝혔어요. 디클로페낙이라는 물질이 바로 그 약물인데, 주로 소염제로 쓰이는 이 약물은 한동안 가축이 병에 걸렸을 때 썼던 물질입니다. 소나 당나귀 같은 동물들이 이 디클로페낙 치료를 받고 죽으면 약물이 아직 가죽과 체내에 잔류해 있는데 붉은머리독수리들이 이 사체를 먹다가 디클로페낙을 같이 먹게 된 셈이지요. 독수리들이 디클로페낙을 섭취하게 되면 신장과 기관들에 이상이 생겨 사망에 이를 수 있다고 해요. 다행히 이 약은 2006년 인도, 파키스탄, 네팔에서 수의학적 사용을 금지했으며 방글라데시는 2010년에 비슷한 조치를 취했습니다. 그래도 세계 여러 나라에서 암암리에 쓰이고 있기 때문에 대체 약물에 대한 안내와 함께 이 약물의 폐해에 대해서도 좀 더 널리 알려져야 할 것 같습니다.

빈투롱

영 명 Binturong
학 명 Arctictis binturong
분 류 식육목 사향고양잇과(포유류)
분 포 동남아시아, 인도, 네팔, 중국
서식지 상록수림

곰, 고양이, 원숭이? 빈투롱의 정체는?

생김새나 생활하는 모습을 보면 곰 같기도 하고 고양이 같기도 하며, 또 원숭이 같다고도 하는 빈투롱의 정체는 뭘까요? 사실 빈투롱은 곰, 고양이, 원숭이를 모두 닮았답니다. 생김새는 레서판다를 닮은 듯도 하고, 얼핏 보면 고양이 같기도 합니다. 긴 꼬리를 가졌고, 나무 위에서 과일을 먹고 있는 모습은 원숭이 같기도 합니다. 빈투롱의 속명인 Arctictic는 Arktos(곰)과 iktis(족제비)의 합성어로 곰처럼 생긴 얼굴과 족제비나 고양이와 비슷한 꼬리를 가진 친구입니다. 빈투롱은 '곰고양이(bearcat)'라는 이름으로도 불립니다. 빈투롱의 몸길이는 꼬리를 포함하면 약 1~1.3m이고 꼬리는 몸길이와 거의 비슷합니다. 암컷이 수컷보다 크며 야행성으로 주로 밤에 활동을 합니다.

지난 30년간 빈투롱 개체 수는 30% 이상 감소했고, 빈투롱을 멸종 위기종이 되도록 내몬 주요 위협 원인은 인간에 의한 열대우림 파괴와 사냥, 야생동물 거래 등이랍니다. 빈투롱의 특별한 속사정을 좀 더 알아볼까요?

빈투롱은 영역 동물!

빈투롱은 사향고양잇과에 속합니다. 꼬리 아래 생식기 부근에서 특유의 냄새를 분비하는 다른 사향고양이들처럼 빈투롱 역시 특유의 냄새가 나는데요, 신기하게도 빈투롱의 사향에서는 버터 팝콘의 향이 납니다. 빈투롱은 냄새샘에서 만들어진 물질을 가지와 잎에 문질러 영역을 표시하고 짝을 유인합니다. 빈투롱은 대부분의 시간을 나무 꼭대기에서 곰처럼 놀거나 누워 쉬는데요, 나무를 잡기 좋은 꼬리를 가졌습니다. 두툼한 꼬리가 몸만큼 길고, 물건을 잡을 수 있을 정도로 유연합니다. 육식 동물 중에 단 두 종이 이렇게 나뭇가지를 잡을 수 있는 꼬리를 가졌는데, 하나는 빈투롱, 하나는 킨카주라는 친구랍니다. 빈투롱은 뒷발목이 180도 회전이 되어 나무를 잘 오르내릴 수 있습니다. 빈투롱은 영역이 확실한 동물인데, 일반적으로 자신의 영역에서 5km를 벗어나지 않으며, 수컷의 경우 서로의 영역의 50% 이상을 침범하지 않는다고 합니다.

과일을 먹는 빈투롱이 생태계에 미치는 영향은?

빈투롱은 분류상으로 식육목에 속하지만, 설치류나 조류보다는 과일을 더 좋아합니다. 실제로 빈투롱의 먹이 중 약 80% 이상이 과일이고, 특히 교살무화과를 좋아한다고 해요. 빈투롱은 과실나무 생태계에서 매우 중요한 역할을 합니다. 먹이를 먹는 과정에서 과일의 씨앗을 통째로 삼키고 소화시킵니다. 이 과정에서 빈투롱의 위장에 있는 소화 효소는 교살무화과 씨앗의 단단한 겉껍질을 부드럽게 만들어 줍니다. 빈투롱이 소화한 씨앗들은 그대로 배설되며, 이로 인해 교살무화과는 더 멀리 있는 지역에서도 자손을 번식할 수 있게 됩니다. 이렇게 빈투롱의 존재는 씨앗의 확산과 분포에 긍정적인 영향을 주며, 과실나무들이 더 넓은 영역에서 번식하고 생존할 수 있게 도와줍니다.

사향고양이의 똥 커피

빈투롱의 개체 수는 지난 30년 동안 30% 이상 감소했고, 주요 위협에는 삼림 벌채, 사냥, 반려동물로서의 거래, 모피 매매 등이 있다고 합니다. 이외에도 사향고양이에게 큰 위협이 되는 것 중 하나는 바로 커피 생산입니다. 사향고양이의 똥, 루왁 커피가 비싼 값에 거래된다는 것은 널리 알려진 사실이지요? 사향고양잇과 동물들 중 팜시벳과 빈투롱이 루왁 커피 생산에 가장 널리 이용된다고 하는데요, 본디 사향고양이가 야생에서 맛있는 커피 열매를 먹고 소화 효소에 발효된 배설물 속의 커피를 달인 것이 사향고양이 커피의 원조이지만 현재 사향고양이 똥 커피의 경우 좁은 철창 안에 동물을 가둔 뒤 열악한 생활 조건 속에서 커피 열매만을 먹여 생산해 내고 있습니다. 이러한 생산 과정에는 윤리적인 문제가 발생합니다. 열악한 환경 자체도 문제이지만, 감금된 동물들이 질 좋은 커피 열매를 선택하여 섭취하지 않고 주어지는 질 나쁜 커피 열매를 대량으로 섭취하는 경우 등 생산 과정의 문제점이 정말 많이 발견되고 있답니다. 대량 생산을 위해 동물들을 학대하는 행위는 제재가 필요하겠지요? 우리가 소비하는 제품의 생산 과정에 대해서도 한 번쯤 생각해 볼 필요가 있어 보입니다.

새앙토끼

영 명 Northern Pika
학 명 *Ochotona hyperborea*
분 류 토끼목 우는토낏과 (포유류)
분 포 아시아 북부 지역, 북미
서식지 고지대의 암석 지대, 초원 등

햄스터만 한 덩치의 귀여운 피카, 새앙토끼

피카(PIKA)라는 이름 많이 들어 봤을 텐데요, 바로 애니메이션 속 귀여운 캐릭터인 피카츄의 모델이 된 동물이 바로 새앙토끼랍니다. 새앙토끼는 쥐나 햄스터를 닮아 설치류일 것 같지만 토끼목에 속하는 친구입니다. 다른 토끼들이 소리를 내지 않는 반면 새앙토끼는 우는 소리를 낸다고 '우는토끼'라고 부르기도 하고, 쥐를 닮은 모습으로 인해 '쥐토끼'라고 부르기도 합니다. 새앙토끼는 해발 2800m에서 5000m 사이의 히말라야산맥 중부의 고산 숲과 관목 지대, 바위투성이의 고산 초원에서 서식합니다. 네팔은 전 세계 30종의 새앙토끼 중 5종의 서식지입니다. 우리말로는 우는토끼, 새앙토끼 등으로 불리며 꽃을 들고 가는 모습이 종종 사진으로 찍히는 재미있고 귀여운 동물이랍니다. 피카츄의 모델이 된 새앙토끼에 대해 좀 더 알아봅시다.

세계의 새앙토끼들

북한에서는 새앙토끼를 쥐토끼라고 부르며, 아종 중 백암쥐토끼는 북한의 천연기념물로 지정이 되어 있기도 합니다. 히말라야의 큰귀우는토끼는 세계에서 가장 높은 곳에 서식하는 포유류라는 타이틀이 있을 정도로 6000m라는 높은 고도에서의 생존력을 보여 줍니다. 대부분의 새앙토끼가 아시아에 사는 반면 북미에도 2종의 새앙토끼가 서식하는 것으로 알려져 있습니다. 사는 지역에 따라 굴을 만들거나 바위틈에서 지내고, 주로 꽃과 풀을 먹지만 북미의 목무늬우는토끼의 경우 단백질 섭취를 하기 위해 죽은 새의 뇌를 먹기도 한답니다.

뜨거워지는 티베트고원과 새앙토끼

평균 고도가 4000m 이상인 칭하이티베트고원은 기후가 춥고 지형이 복잡하며, 일 년 내내 녹지 않는 눈이 있습니다. 이 만년설의 면적은 41만 9000km^{2}로 고원 전체 면적의 16.7%를 차지합니다. 새앙토끼는 이런 척박한 지역에서 겨울을 나기 위해 식물을 자르고 건초 더미를 쌓아 둡니다. 때로는 여린 풀과 꽃을 들고 나르며 먹이를 저장하고요. 이 과정에서 새앙토끼가 꽃을 물고 있는 귀여운 모습이 사진에 포착된 경우도 있습니다. 굴의 내부 온도를 유지하기 위해 두꺼운 눈층이 단열 효과를 내야 하는데 점점 기온이 오르면서 쌓을 눈이 없다 보니 새앙토끼의 생존에 치명적인 위협이 가해지고 있답니다. 새앙토끼의 아종이 많고, IUCN의 적색 목록에서 비교적 등급이 낮은 최소 관심(LC) 단계로 분류되어 있지만, 지구 온난화에 의한 서식지의 파괴와 고산 초원의 식물 유형이 변하면서 먹이를 구하는 데에도 어려움을 겪고 있답니다. 이대로라면 뜨거운 열기를 피해 점점 더 높은 고산 지대로 밀려가고 있는 새앙토끼들의 삶의 터전이 사라져 버릴 날이 그리 멀지 않은 것 아닐까요?

새앙토끼가 생태계에 미치는 영향은?

새앙토끼는 티베트고원 생태계에서 주요 핵심종으로서 중요한 역할을 수행합니다. 새앙토끼는 작은 새들과 도마뱀을 위한 중요한 굴 서식지를 만들고, 티베트고원의 거의 모든 포식자 종의 주요 먹이 역할을 합니다. 또 식물 다양성을 증가시키는 역할도 합니다. 새앙토끼의 배설물과 남은 음식물을 축적하는 행위로 인해 굴속의 저장고들은 높은 수준의 유기질을 만들어 냅니다. 때문에 질소, 칼슘 및 인의 농도가 인근 지역보다 굴 시스템 근처에서 훨씬 더 높습니다. 토양을 기름지게 해 식물들이 더 잘 자라게 해 주는 역할을 하는 것이지요.

생태계를 지탱하는 핵심종

지구상에 존재하는 수많은 생물종 가운데 1개 종이 멸종하는 것은 큰 문제가 아닌 것처럼 보입니다. 하지만 특정 지역에서 1개 종의 생물 멸종이 그 지역 생태계에 미치는 영향력은 상상보다 큽니다. 1963년 미국 생태학자 로버트 페인(Robert T. Paine)은 흥미로운 실험을 통해 이를 증명했습니다. 페인은 워싱턴주 마카 만(Makah bay)에 실험 구역을 설정하고 그곳 생태계의 최상위 포식자인 불가사리를 모두 제거한 뒤 생태계 변화를 관찰했습니다. 그 결과 천적이 사라지자 홍합의 수가 급증했고, 우점종이 된 홍합이 다른 종을 밀어내 실험 구역의 생물종은 1년 만에 절반 가까이 감소했습니다. 이 연구를 통해 페인은 각 생태계에는 그 생태계 전체 종의 다양성 유지에 결정적인 역할을 하는 종이 몇 있을 수 있다는 것을 확인했고 마카 만의 불가사리와 같이 생태계 전체 종의 다양성 유지에 결정적 역할을 하는 종을 '핵심종(keystone species)'이라 이름 붙였습니다.

눈표범

영 명 Snow Leopard
학 명 *Panthera uncia*
분 류 식육목 고양잇과(포유류)
분 포 중국, 부탄, 인도, 몽골, 네팔 및 중앙아시아 등
서식지 해발 3000m에서 5400m 고지대

중앙아시아 고산 지대의 무법자, 눈표범

어스름하게 동이 틀 무렵 그리고 어둑어둑하게 해가 지는 이른 저녁에 주로 움직이며, 털이 덮인 큰 발바닥과 주변 환경을 이용해 위장술을 펼칠 수 있는 독특한 무늬를 가진 눈표범은 중앙아시아 고산 지대의 무법자입니다. '회색표범', '설표(雪豹)', '산의 유령(ghost of the mountains)'이라고도 불리는 눈표범은 고양잇과 동물답게 유연한 근육과 두꺼운 피부 때문에 높은 곳에서 점프해도 웬만해서는 부상을 당하지 않는다고 알려져 있습니다. 원주민들에게 눈표범은 신성한 동물로 여겨졌고, 산의 보호자로 여겨졌다고 합니다. 눈표범은 기후 변화로 인한 서식지 감소와 인간의 활동으로 인한 서식지 파괴, 밀렵, 지역 사회와의 갈등으로 인한 보복 사살 등 다양한 위협을 받으면서 개체 수가 급감하고 있답니다. 눈표범의 생태적 특징과 생존을 위협하는 문제들에 대해 좀 더 살펴볼까요?

눈표범의 생태적 특징

눈표범은 보통 몸길이 1.5m, 몸무게 54kg까지 자라는 대형 고양잇과 동물입니다. 중앙아시아 산맥의 2700~4900m 고지에서 볼 수 있는데, 현재 전 세계 눈표범의 개체 수는 약 4000~6400마리로 추산되고 있습니다. 특히 인도 히말라야 지역에는 약 500마리의 눈표범이 서식하고 있는 것으로 알려져 있습니다. 눈표범은 넓은 행동 범위를 가지고 있으며 매우 큰 영역을 확보합니다. 실제로 눈표범은 하루에 무려 44km나 이동한 것으로 알려져 있습니다. 눈표범은 주로 아이벡스와 같은 발굽을 가진 동물들을 주요 먹잇감으로 삼는데, 뛰어난 사냥 기술과 순발력을 발휘하여 먹이를 추적하고 사냥에 성공합니다. 이들은 평균적으로 10일에 한 번씩 먹잇감을 사냥하며, 한 번 먹이를 잡으면 약 3~4일 동안 나눠 섭취합니다. 이러한 사냥 및 식사 패턴은 눈표범의 생존 및 번식에 매우 중요한 역할을 합니다.

눈표범은 왜 자기 꼬리를 물까?

눈표범을 검색해 보면 유독 꼬리를 물고 있는 사진이 매우 많이 나옵니다. 이 친구들은 대체 왜 자신의 꼬리를 무는 걸까요? 가능성이 있는 추측은 크게 두 가지가 있는데, 우선 추위에 적응하기 위해서라고 해요. 눈표범들이 꼬리를 입에 물고 코와 입을 감싸면 마치 우리가 마스크를 쓰는 것처럼 폭신하고 복실한 꼬리가 주둥이의 온기를 유지해 준다고 해요. 하지만 동물원같이 더운 곳의 눈표범들의 경우 이런 꼬리를 무는 습관이 더 많이 보여서 학자들은 다른 추측도 해 보았어요. 바로 심리적인 안정감 때문에 스트레스를 받거나 심심할 때, 혹은 불안할 때 꼬리를 물고 다니는 것이 아닌가 하는 추측입니다. 자신의 꼬리를 일종의 애착 장난감처럼 물고 다닐 수도 있겠다는 추측을 하는 전문가들도 있답니다.

눈표범의 생존을 위협하는 문제들

눈표범의 생존을 위협하는 문제는 모피를 위한 밀렵, 보복성 사냥, 광산 개발 등입니다. 눈표범은 가죽의 무늬가 매력적이고 신비로운 탓에 매일 눈표범 한 마리씩 밀렵으로 사라지고 있는 추세라고 합니다. 눈표범의 불법 거래가 많아지고, 이들의 주요 먹이인 아이벡스의 불법 거래 역시 성행하면서 먹이 자원까지도 감소하고 있습니다. 야생에서 먹잇감을 찾지 못한 눈표범이 가축들까지 사냥하다 보니 보복성으로 살해당하는 경우가 많다고 합니다. 눈표범의 서식지에서 방목을 하던 목축업자들이 재산의 손실을 막기 위해 방목지로 넘어오는 눈표범들을 사살하기 시작한 것이지요. 마지막은 광산의 개발입니다. 광산의 개발은 눈표범의 서식지를 점점 감소시키고 있습니다. 광산 개발에 쓰이는 공사 소리와 폭발은 눈표범뿐 아니라 다양한 동물들의 번식과 생존에 영향을 미치고, 서식지를 점점 줄여 나가고 있답니다.

다큐멘터리 영화, 눈표범

눈표범(The Velvet Queen, 2021)은 프랑스의 마리 아미게 감독이 만든 다큐멘터리 영화입니다. 세계에서 가장 유명한 야생 동물 사진작가 중 한 명인 뱅상 무니에가 모험가이자 소설가인 실뱅 테송과 함께 티베트고원의 가장 높은 지역에서 몇 주 동안 보기 드문 동물들을 찾기 위해 골짜기들을 탐험하며, 지구상 가장 접근하기 어렵고 찾기 힘든 커다란 고양잇과 동물인 눈표범을 포착하려 애쓰는 이야기가 담겨 있습니다. 2022년 트렌토 영화제 작품상, 세라즈 영화제 다큐멘터리상을 받았답니다.

검은볏긴팔원숭이

영 명 Black Crested Gibbon
학 명 *Nomascus concolor*
분 류 영장목 긴팔원숭이과(포유류)
분 포 중국 남부, 베트남, 라오스 북부 등
서식지 열대 우림의 나무 위

'나무에 사는' 유인원, 긴팔원숭이

긴팔원숭이과에는 긴팔원숭이속(*Hylobates*), 큰긴팔원숭이속(*Symphalangus*), 훌록속(*Hoolock*), 노마스커스속(*Nomascus*) 등 4속이 포함됩니다. 긴팔원숭이과를 뜻하는 학명 *Hylobatidae*는 '나무에서 사는'이라는 뜻인데, 35m 이상의 큰 나무 위에서 주로 사는 친구이기에 딱 맞는 학명인 것 같지요? 유인원과 원숭이는 둘 다 영장류에 속하지만, 이 긴팔원숭이들은 보통의 원숭이들과는 다르게 꼬리가 없어 원숭이로 분류되지 않고 유인원으로 분류됩니다. 긴팔원숭이들은 유난히 긴 팔로 나뭇가지에 매달려 민첩하게 가지에서 가지로 건너다니며 주로 나무 위에서 생활하는데, 이것은 소수의 유인원과 원숭이들만이 가진 특성입니다. 주로 땅에서 살아가는 다른 유인원들과 다르게 긴팔원숭이들은 나무에서 내려오는 일이 거의 없답니다.

검은볏긴팔원숭이의 외모·생태적 특징

인간이 아닌 유인원 중 유일하게 일부일처제 사회를 구성하는 긴팔원숭이들은, 부부가 두세 명의 자녀를 양육하며 핵가족 생활을 합니다. 긴팔원숭이들 중에서도 노마스커스속에 포함되는 검은볏긴팔원숭이의 특징에 대해 좀 더 살펴볼까요? 검은볏긴팔원숭이의 수컷은 검은색 털을 가지고 있는 반면, 암컷은 더 부드러운 황갈색 털을 가지면서 얼굴과 머리 꼭대기, 복부, 가슴에 검은색 표시가 있습니다. 검은볏긴팔원숭이의 체중은 7~10kg으로 중간 크기의 유인원으로 분류됩니다.

검은볏긴팔원숭이는 꽃봉오리, 잎, 나무껍질, 꽃, 작은 척추동물, 곤충, 알 등 다양한 먹이를 선택적으로 섭취하는데 특히 무화과와 같은 당분이 풍부한 과일을 좋아합니다. 검은볏긴팔원숭이를 포함한 모든 긴팔원숭이들은 몸 크기에 비해 팔 길이가 길다는 공통점을 가지고 있습니다. 이렇게 긴 팔 길이는 나무 사이를 움직이고 뛰어다니는 데 유용하게 사용됩니다. 또한 긴 팔은 손목과 손가락의 유연한 움직임을 가능하게 하며, 다양한 식물과 곤충을 손쉽게 잡을 수 있게 도와줍니다. 긴팔원숭이는 뛰어난 곡예 기술로 최대 15m의 공중 거리를 이동할 수 있으며, 56km/h의 빠른 속도로 이동할 수 있습니다. 이러한 능력은 그들이 나무와 나무 사이를 유연하게 이동하고 다양한 환경에서 자유롭게 활동할 수 있게 해 줍니다.

긴팔원숭이들의 특별한 노랫소리

긴팔원숭이들은 다른 유인원들과는 차별화된 특징을 하나 가지고 있습니다. 새소리 같기도 하고, 사이렌 소리 같기도 한 짧고 강한 소리를 합창하듯 뿜어낸다는 것인데, 평소에는 축 늘어진 살처럼 보이는 목 아래의 울음주머니는 공기를 넣으면 풍선처럼 극대화시킬 수 있어서 소리를 증폭시켜 3~4km 밖까지 들릴 정도로 매우 연속적이며 강한 소리를 냅니다.

자신의 영역을 방어하기 위해 소리를 내어 경쟁 상대에게 경계를 알릴 때, 생존에 필요한 식량 자원을 보호하기 위해 다른 개체들에게 경고를 보낼 때, 구애와 짝짓기를 위해 파트너에게 소리 신호를 보낼 때 울음주머니에서 내는 소리로 상호 작용하기도 합니다. 또 이러한 소리들은 가족 사이의 유대를 강화하고, 그들의 사회적 관계를 유지하는 데에도 도움을 준답니다.

매년 10월 24일은 '긴팔원숭이의 날'

지난 2015년은 국제자연보전연맹(IUCN)에서 지정한 '긴팔원숭이의 해'로 세계 곳곳에서 '긴팔원숭이 보전 프로젝트'들이 진행되기도 했습니다. 또 매년 10월 24일을 '긴팔원숭이의 날'로 지정해 긴팔원숭이 보호와 보전 활동을 해마다 잊지 않고 전개하고 있습니다.

현재 심각한 멸종 위기에 처한 소형 유인원류인 '긴팔원숭이'는 고릴라, 침팬지, 오랑우탄 등 대형 유인원류에 가려 주목을 받지 못한 영장류이기도 합니다. 긴팔원숭이는 종에 따라 다르긴 하지만 20~100여 개체만 남아 심각한 멸종 위기에 처해 있는 것으로 알려졌습니다. 밀림 속 나무 사이를 긴 팔을 이용해 바람처럼 옮겨 다니는 '긴팔원숭이'가 기후 변화와 인간의 활동에 의한 환경 오염, 무분별한 열대 우림의 개발로 점차 밀림 속 깊은 곳으로 사라지다 못해 멸종되지 않도록 더 많은 관심이 필요하답니다.

슬로로리스

영 명 Greater Slow Loris
학 명 *Nycticebus coucang*
분 류 영장목 로리스과(포유류)
분 포 인도네시아, 말레이시아, 태국 남부 반도 지역 및 싱가포르
서식지 열대 상록수림

느리게 느리게 때로는 재빠르게, 슬로로리스

슬로로리스는 낮에는 잠을 자고, 밤이 되면 큰 눈을 뜨고 먹이를 사냥하러 나무들을 돌아다닙니다. 아주 천천히 조심스럽게 나뭇가지를 이동하고, 위험하다 싶으면 숨죽이며 움직임을 최소화합니다. 하지만 적에게 발견됐을 때는 놀랄 만큼 재빨리 사라지기도 해서 느리게 다니던 그 슬로로리스가 맞나 두 눈을 의심하게 될 때도 있답니다. 슬로로리스의 검지는 다른 손가락에 비해 짧은데, 이는 엄지와 다른 손가락으로 나무를 더 잘 잡기 위함입니다. 또한 손과 발에 특별한 모세 혈관 구조를 가지고 있는데, 이는 손가락이 마비되지 않고 몇 시간 동안 가지에 달라붙는 데 도움이 된다고 해요. 슬로로리스는 야간에 주로 활동하는 다른 포유류들처럼 완전히 색맹이지만, 야간에 빛을 증폭시키기 위해 망막에 반사막을 가지고 있답니다. 동그랗고 큰 눈을 가진 슬로로리스를 좀 더 쫓아가 볼까요?

슬로로리스의 이름에 담겨진 의미는?

1891년 미국의 동물학자 딘 코난트 우스터는 슬로로리스를 '곰의 얼굴, 원숭이의 손, 나무늘보처럼 움직이는' 동물로 묘사했습니다. 로리스(loris)는 광대를 의미하는 네덜란드어 'loeris'에서 유래됐습니다. 슬로로리스라는 이름은 느린 행동으로 붙여진 슬로(slow)와 광대 같은 모습의 얼굴을 합쳐 붙여진 셈이지요. 인도네시아에서는 슬로로리스를 쿠캉(coucang)이라고 부르는데, 이는 현재 슬로로리스의 종명으로 사용되고 있습니다. 애칭으로는 '말루말루'라고도 부르는데, 이는 수줍음을 뜻하는 말입니다. 태국에서는 '링 롬'이라는 단어로 부르는데, 나무 사이를 조용하게 아무도 모르게 움직인다고 하여 '바람원숭이'라는 뜻으로 부르는 이름이랍니다.

슬로로리스가 자신을 보호하는 방법

슬로로리스는 적록 색맹을 가진 포식자에게 특화된 위장색을 가지고 있습니다. 적록 색맹을 가진 동물들은 붉은색과 초록색을 흡수하는 시세포가 발달하지 않아서 초록색 울창한 수풀들도 갈색으로 보이는데요, 슬로로리스는 행동이 느린 동물이기 때문에 위장색은 생존에 매우 중요한 역할을 합니다. 슬로로리스의 갈색 몸색은 주변 환경과 자연스럽게 어울리며, 이를 통해 포식자들은 슬로로리스를 감지하기 어렵답니다.

하지만 그럼에도 발각되어 위협을 받는다면 슬로로리스는 독을 이용합니다. 슬로로리스의 팔뚝 앞쪽에는 독성 물질을 분비하는 분비샘이 있는데, 이 물질이 침과 섞이면 독성이 더해지고 알러지 반응과 유사한 쇼크까지 일으킬 수 있습니다. 대부분 독이 있는 생물들은 종간에 스스로를 보호하기 위해 독을 이용하지만 슬로로리스의 경우 종간은 물론 종 내에서도 경쟁을 위해 독을 이용하기도 한답니다.

슬로로리스 불법 거래의 문제점

IUCN은 인도네시아 내에서 슬로로리스의 개체 수가 지난 80년 동안 24% 이상 감소했다고 밝혔습니다. 서식지의 파괴도 큰 문제이지만 슬로로리스의 귀여운 외모로 인해 관광 사업에 이용되거나 반려동물용으로 불법 거래가 이뤄지고 있습니다. 슬로로리스와 함께 사진을 찍는 관광 프로그램이 인기를 얻다 보니 불법적으로 거래가 되기도 하는데, 이 과정에서 슬로로리스는 인간들에게 위협이 될 수 있는 이빨들을 뽑히게 된답니다. 이로 인해 먹이를 잘 소화하지 못하게 되고, 바이러스나 충치균들에 의해 감염되어 목숨을 잃는 경우도 많습니다. 또 슬로로리스는 나무로부터 얻어지는 추출물을 주로 먹어야 하지만 인간에 의해 사육되는 개체들은 보통 과일만을 먹게 되면서 당뇨, 비만 등을 얻게 된답니다.

멸종 위기에 처한 야생 동식물의 국제 거래에 관한 협약(CITES)

CITES는 멸종 위기에 처한 야생 동식물의 국제 거래에 관한 협약을 뜻하는 영문, Convention on International Trade in Endangered Species of Wild Fauna and Flora에서 머릿글자를 따온 말입니다.

국제 야생 동물의 불법 거래나 과도한 교역은 많은 종의 동식물 개체 수가 막대하게 감소하는 결과를 낳았습니다. 교역을 위한 과잉 개발은 종의 생존에 관한 관심을 불러 일으켜서 1973년에 그러한 과잉 개발로부터 야생 동물을 보호하고 종의 멸종 위협을 막기 위해 국제 교역을 제한하는 국제 협정을 제정하게 되었습니다.

말레이맥

영 명 Malay Tapir
학 명 *Tapirus indicus*
분 류 말목 테이퍼과(포유류)
분 포 말레이반도, 인도네시아, 태국, 미얀마
서식지 산림지대, 습지 주변

곰의 덩치, 코끼리의 코, 말의 발, 돼지의 몸매를 닮은 말레이맥

말레이언 테이퍼, 말레이 테이퍼로도 불리는 말레이맥은 테이퍼과 4종 중 가장 몸집이 크고 유일하게 아시아 지역에 사는 친구입니다. 곰과 같은 큰 덩치에 코끼리의 코와 말의 발을 가진 돼지 같은 몸매의 말레이맥은 동남아시아에 서식하고 있습니다. 태국에서 말레이맥은 'P'som-set'이라고 불리며, 이를 번역하면 '혼합물이 완성되었다'라는 뜻이랍니다. 말레이맥의 모습이 마치 다른 동물들을 만들고 남은 부분을 모두 모아 만든 것 같다고 해서 붙여진 이름이랍니다.

인기 높은 애니메이션 포켓몬스터에 등장하는 '슬리프'의 모티프가 되기도 한 말레이맥에 대해 조금 더 살펴봅시다.

새끼 말레이맥은 왜 부모와 다른 무늬를 가질까?

곰의 덩치, 코끼리의 코, 말의 발 그리고 돼지의 몸매를 닮아 작고 귀여운 동물이라고 생각하기 쉬운 말레이맥은 사실 몸길이가 약 2.4m, 어깨 높이는 1m, 몸무게도 약 350kg에 이르는 꽤 큰 동물입니다.

성체 말레이맥은 하얀색과 검은색의 대비가 뚜렷한 몸을 가지지만, 새끼 말레이맥은 완전히 다른 모양인 갈색 배경과 반점, 줄무늬를 가지고 있습니다. 이는 생태계에 존재하기 위한 매우 효과적인 전략인데, 주변 환경과 잘 조화되어 몸을 숨길 수 있는 무늬로 말레이맥 새끼들이 자신을 위험으로부터 보호하고, 잠재적인 위협을 피하는 데에도 도움을 줍니다.

낮도 아니고 밤도 아닌 어스름한 시간이 좋아!

보통 동물의 행동을 구분할 때 낮에 주로 돌아다니면 주행성, 밤에 움직임이 더 많으면 야행성이라고 하지요. 그러나 말레이맥의 경우 어스름한 새벽이나 이른 저녁, 달이 밝은 이른 밤에 활동하는 경향이 있습니다. 이러한 행동 양식을 어려운 말로는 '박명박모성(薄明薄暮性)'이라고도 합니다. 한자어라 어려워 보이지만, 풀어쓰면 해가 뜰 무렵이나 해가 지고 난 직후 밝은 빛이 어스름하게 남아 있는 상태를 말합니다. 말레이맥 입장에서는 경쟁자와 위험 요소를 더 적게 마주칠 수 있기 때문에 이 시간을 택해 활동하는 것이지요. 특히 일교차가 크거나 특정 시간대에 기온이 너무 높거나 낮은 경우에 행동하는 데 어려움을 겪을 수 있어서 비교적 안정적인 시간대를 선택해 활동하면서 진화해 온 결과라고 할 수도 있습니다.

말레이맥이 처한 위협

1930년대 초 미얀마 남부, 태국, 말레이시아, 인도네시아 지역에 널리 분포하던 말레이맥의 서식지는 토지가 개간되고, 댐이 만들어지는 등 인간의 활동들로 인해 점점 파괴되었습니다. 특히 강들이 댐에 막힘으로써 수위가 상승하거나, 닫혔던 댐이 열리면서 서식지가 물에 잠기고 파괴되는 상황이 반복돼 말레이맥은 생존에 큰 위협을 받고 있습니다. 이러한 변화들은 말레이맥의 개체 수가 급격하게 줄어들게 했고, 현재는 일부 보호 구역에서 고립된 개체군으로만 존재하게 되었습니다. 1986년부터 말레이맥은 멸종 위기에 처한 종으로 분류되어 보호받고 있지만 지난 36년 동안 개체 수는 점점 줄어들어 2014년 11월, IUCN의 발표에 따르면 말레이시아, 태국 일부 지역에만 서식하며 약 2500마리만 남아 있다고 합니다.

상상 속의 동물, 말레이맥?

말레이시아 민담에서는 말레이맥이 숲의 수호자나 보호자로 묘사되곤 합니다. 이들은 말레이맥이 신비한 힘을 가졌다고 믿는데, 인간과 영혼 세계 사이의 중재자로 여기기도 한답니다. 일부 문화에서는 말레이맥의 일부 부위인 뼈나 피부가 치유력을 가지고 있다고 믿기도 합니다. 또 일본에서는 예부터 악몽을 포함한 꿈을 먹는 요괴로 '바쿠'라는 상상 속 동물이 전해져 오는데, 바쿠의 조각상이나 그림을 자세히 살펴보면 말레이맥을 닮아 있는 것을 알 수 있답니다.

유령안경원숭이

영 명 Spectral Tarsier
학 명 Tarsius tarsier
분 류 영장목 안경원숭이과(포유류)
분 포 인도네시아
서식지 열대 상록수림

영장류 중 유일한 육식 동물, 유령안경원숭이!

안경원숭이들 중에서도 한 손에 들어올 정도로 매우 작은 몸을 가진 유령안경원숭이는 인도네시아 술라웨시섬과 살라야르섬에 살고 있습니다. 몸길이가 10cm 정도인 유령안경원숭이는 긴 뒷다리와 몸의 두 배에 달하는 긴 꼬리를 가지고 있으며, 이를 통해 나무 사이를 민첩하게 움직일 수 있습니다. 또 큰 눈을 가지고 있어 밤에 활동하기에 유리하답니다.

사냥을 통해 주로 곤충을 먹지만 도마뱀과 작은 척추동물까지도 먹는, 영장류 중 유일한 육식 동물이 바로 이 작은 친구, 유령안경원숭이랍니다. 작고 귀엽지만, 초식성이거나 잡식성인 다른 영장류들과는 다르게 육식만을 하는 유령안경원숭이에 대해 조금 더 이야기를 나눠 봅시다.

커다란 눈을 가진 유령안경원숭이의 시야

유령안경원숭이는 모든 포유류 중에서 몸길이에 대비해 가장 큰 눈을 가지고 있는데, 눈이 얼굴 부피의 3분의 1 정도를 차지하고 있습니다. 보통 야행성 동물들은 휘막이라는 망막 뒤의 반사층을 가지고 있는데, 우리가 어두운 곳에서 이 동물들을 찾을 때 빛을 비추고 눈에 반사되는 빛을 통해 위치를 파악할 수 있는 것이지요. 하지만 안경원숭이들은 야행성 동물임에도 불구하고 이 휘막이 없습니다. 휘막이 없는 대신 눈이 커지면서 최대한 주변의 빛을 잘 모을 수 있도록 진화하게 된 것이랍니다. 덕분에 달빛, 별빛, 어스름한 빛 등 낮은 명도에도 주변 사물을 잘 파악할 수 있는 것이고요. 또 고개는 360도까지 돌릴 수 있어서 사방을 주시하기에 유리한 구조를 가지고 있습니다.

작은 유령안경원숭이가 살아남기 위한 행동 전략은?

유령안경원숭이들은 야행성이기 때문에 밤에 먹이 활동을 하는데, 특히 보름달이나 반달 이상의 밝은 달이 뜨는 시기에는 먹이 활동의 시간을 늘리고 포식자들에게 들킬 위험은 조금 더 커지지만 먹이를 더 잘 잡기 위해 무리 지어서 다닙니다. 유령안경원숭이는 영장류 중 유일하게 잡식이 아닌 육식을 하는데 작은 몸으로 최대의 에너지 효율을 내기 위해 진화된 것이라고 알려져 있습니다.

유령안경원숭이는 둥지를 따로 짓지 않으며 주로 새끼를 입에 물거나 때로는 등에 업고 다닙니다. 어미 안경원숭이는 새끼를 안전한 장소에 잠시 두고 새끼를 예의주시하면서 먹이를 사냥하고 먹이를 먹입니다. 포식자가 나타났을 때 어미는 소리를 질러 위험을 알리고, 포식자에 따라 다른 행동을 한답니다. 맹금류가 다가올 때는 새끼와 떨어지고, 뱀과 같은 파충류일 경우 새끼를 가까이 둔다고 해요. 맹금류가 하늘에서 파악할 경우 같은 점으로 있는 것보다 상대적으로 몸집이 큰 어미를 볼 수 있도록 최대한 새끼와 거리를 두고, 뱀의 경우에는 입 근처에 있는 작은 열 감지 기관인 피트 기관을 이용해 먹이가 되는 동물의 체온을 느끼기 때문에 새끼와 가까이 있으면서 보호하려는 이유랍니다.

유령안경원숭이가 받는 위협은?

유령안경원숭이 역시 다른 멸종 위기의 야생 동물들과 마찬가지로 서식지 파괴로 인해 큰 위협을 받고 있습니다. 이들은 주로 인도네시아의 섬들에서 발견되는데, 이 섬들은 과거에는 울창한 열대 우림으로 덮여 있었습니다. 그러나 현재는 어떤 섬은 바나나, 파파야, 망고, 코코넛 농장 등을 만들기 위해 토지가 개간되고, 또 다른 섬은 대규모 정유 공장 건설을 위해 개발되면서 아주 적은 범위의 산림만이 남아 있는 상황입니다. 이런 인간들의 개발 행위는 생태계를 파괴하며 큰 위협을 가져올 수 있겠지요? 특히 유령안경원숭이와 같은 희귀종의 생존에는 더욱 치명적일 수 있습니다. 서식지가 줄어들고, 먹이 활동이 어려워지는 것은 물론 인간과의 접촉이 증가하며 불법 포획 및 불법 거래의 위험에 노출되고 있는 실정이랍니다.

타킨

- **영 명** Takin
- **학 명** *Budorcas taxicolor*
- **분 류** 소목 솟과(포유류)
- **분 포** 히말라야, 티베트, 중국, 부탄, 인도
- **서식지** 1000~4500m 사이의 관목림, 고산 지대

여름과 겨울에 사는 곳과 사는 모습이 달라지는 타킨

타킨은 관목 지대에 살다가 여름에는 4500m 정도로 고도가 높은 곳에서 서식합니다. 타킨의 무리 크기는 계절마다 변하는데, 풀과 먹이가 많은 여름에는 300마리까지도 모이다가 겨울이 되면 10~20마리 남짓으로 무리를 이루어 먹이 활동을 합니다. 이른 아침이나 늦은 오후에 주로 먹이 활동을 하는데, 나무나 관목에서 발견되는 낙엽, 풀, 초본을 먹습니다. 나뭇잎과 풀이 부족한 겨울 동안에는 관목의 잔가지나 상록수 잎을 먹으며 지냅니다. 인간의 개발 활동으로 인한 서식지 파괴와 먹이 부족 그리고 지구 온난화로 인해 점점 타킨들의 서식지가 없어지고 있습니다.

서식지가 점점 줄어드는 상황에서도 고산 지대 바위가 많은 지역에서 잘 살아가고 있는 타킨에 대해 더 알아볼까요?

타킨이라는 이름의 유래는?

부탄에서 전해 내려오는 이야기에 따르면 한 성인이 잔치 끝에 기적을 보여 달라는 사람들의 말에 양의 머리와 소의 몸을 합쳐 한 동물을 만들어 냈는데, 그 동물이 지금의 타킨이라고 합니다. 타킨은 부탄을 상징하는 동물이 되었고, 부탄에서는 이런 타킨의 탄생을 기념하기 위해 지그미 도지 국립공원의 일부인 가사 지역에서 축제가 열립니다. 영국의 박물학자인 브라이언 호튼 호지슨은 타킨 가죽을 처음 보고 어떻게 분류해야 할지 고민했다고 합니다. 학명을 '황소 같은 가젤, 오소리 색깔'을 의미하는 *Budorcas taxicolor*이라고 지었는데, 당시 보았던 가죽이 오소리의 털색을 닮은 부탄타킨의 가죽이었기 때문에 타긴의 학명을 그렇게 지었던 것 같습니다.

타킨의 아종

타킨은 황금타킨, 쓰촨타킨, 부탄타킨, 미시미타킨 등 총 4개의 아종으로 나뉩니다. 황금타킨이 제일 밝은색을 띠며, 미시미타킨이 가장 넓은 지역에 분포하고 있습니다. 현재 타킨은 중국에서도 부탄에서도 법적 보호를 받고 있는 보호종입니다.

- 황금타킨: 가장 밝은색 털을 가진 타킨으로 전 세계 약 5500마리가 생존하고 있습니다. 중국 산시성 친링산맥에서 주로 서식하며 아치형의 뿔이 매력적입니다.
- 쓰촨타킨: 중국 쓰촨성을 중심으로 수천 마리가 서식하며, 쓰촨, 티베트, 신장 웨이우얼 자치구 등의 지역에서 서식합니다. 중국 탕쟈허 국립공원에서 이 친구들을 많이 볼 수 있으며, 판다의 보전과 매우 큰 연관성을 보입니다.
- 부탄타킨: 가장 적은 수인 700마리 정도만이 생존해 있습니다. 갈색에서 검은

색에 가까운 털, 다른 아종에 비해 짧은 뿔, 독특한 삼각형 모양의 두개골이 특징입니다.

- 미시미타킨: 가장 넓은 지역에 분포하는 타킨으로 약 3500마리가 남아 있습니다. 인도 동북부의 미시미 언덕, 북부 미얀마, 중국 남서부에서 발견됩니다. 이 아종은 어두운 갈색 또는 검은색 털, 긴 뿔, 등에 높이 불어 오른 특징적인 혹이 있습니다.

타킨을 지켜라!

예전부터 타킨은 원주민들이 고기를 얻기 위해 사냥을 하던 동물이었어요. 그러다 극심해진 불법 사냥과 관목 지대의 훼손과 대나무숲 손실, 도로 건설로 타킨의 서식지 파괴가 가속화됐습니다. 이런 직접적인 타격은 물론 기후 변화 역시 타킨의 생존을 위협하고 있습니다. 티베트 고위도 지역의 눈이 녹고 기온이 오르면 관목들이 자라기 어려워지고, 이는 곧 타킨의 먹이 활동에 영향을 미치게 되지요. 현재 타킨은 자이언트판다 보호 활동의 우산 효과로 잠재적인 보호 서식지를 얻었어요. 하지만 그럼에도 불구하고 아직 타킨을 보호하기에 현재의 서식지들로는 충분하지 않은 실정이랍니다.

인도코뿔소

영　명 Greater One-horned Rhino
학　명 *Rhinoceros unicornis*
분　류 말목 코뿔솟과(포유류)
분　포 인도, 네팔, 서벵골 북부, 아삼 지역
서식지 습지와 초원, 계곡부

밀렵보다 기후 변화가 더 두려운 인도코뿔소

아시아코뿔소 중 가장 큰 인도코뿔소는 인도 아대륙 북부 전역에 널리 퍼져 있었지만, 스포츠 사냥으로 인해 개체 수가 급감했습니다. 밀렵과 토지 개발로 인해 1965년 네팔의 인도코뿔소 개체 수는 100마리 정도만 남았던 것으로 알려졌습니다. 이 무렵 전 세계적으로도 약 200여 마리의 코뿔소가 남아 있었다가 인도와 네팔의 꾸준한 보호 노력 덕분에 현재는 약 400마리까지 증가하였습니다.

밀렵으로 인해 멸종 직전의 위협에 놓였던 인도코뿔소는 요즘 사냥보다 기후 변화가 더 두렵다고 합니다. IUCN 적색 목록에 취약(VU) 단계로 분류된 인도코뿔소가 기후 변화로 인해 어떤 위협에 직면하고 있는지 인도코뿔소의 이야기를 한번 들어 볼까요?

인도코뿔소에게는 너무 소중한 연못의 존재

몸길이가 3.1~3.8m이고 체중이 평균 1600~2200kg에 이르는 거대한 이 친구는 갑옷 같은 딱딱한 피부를 가지고 있습니다. 인도코뿔소는 피부를 관리하기 위해 진흙이나 물웅덩이에서 뒹구는 행동을 합니다. 이 행동을 왈로잉이라고 하는데, 이러한 뒹굴기 행위는 체온을 조절하고 태양 노출로부터 피부를 보호하는 데 목적이 있습니다. 또한 코뿔소는 때때로 나무나 다른 식물의 가지를 이용해 몸을 긁거나 문지르는 행동을 보입니다. 이 행동을 스크래칭이라고 하는데, 피부에서 죽은 세포나 기생충을 제거하고 피부를 건강하게 유지하기 위함이라고 합니다.

연못은 더워지는 계절에 인도코뿔소가 물에 들어가 체온을 조절하기 위해 꼭 필요하고, 이들이 살아가기에 적합한 초원 서식지를 유지시켜 줍니다. 하지만 기후 변화로 인한 극심한 홍수는 인도코뿔소들을 하류로 휩쓸리게 만들고 상류에서 잔해와 쓰레기가 유입되어 연못 생태계를 망쳐 갑니다. 또 극심해지는 가뭄은 코뿔소에게 필요한 연못 수를 줄이고 있고요.

인도코뿔소의 활동 시간

건기 동안에는 수중 자원이 부족해서 인도코뿔소는 그늘진 곳에서 식물들의 잎을 뜯으며 하루 대부분을 보냅니다. 이를 통해 에너지를 보충하고 생존에 필요한 영양소를 획득합니다. 인도코뿔소는 시력은 약하지만 후각은 예민합니다. 한낮의 뜨거운 열기를 피하기 위해 주로 이른 아침이나 늦은 오후부터 밤까지 활동하는데, 주로 물이 있는 연못, 늪지 또는 기타 습지에서 먹이를 찾거나 활동하는 모습이 관찰됩니다. 이러한 수생 환경은 인도코뿔소가 좋아하는 풀, 나뭇잎, 과일 같은 먹잇감을 얻기에 충분합니다.

인도코뿔소의 귀한 뿔

인도코뿔소의 학명을 들여다보면 이 친구들의 가장 큰 특징이 보입니다. *Rhinoceros unicornis*, 그리스어로 'rhino'는 코를 뜻하고 'ceros'는 뿔을 뜻합니다. 그리고 'unicornis'는 라틴어로 '뿔이 하나다'라는 뜻입니다. 사실 인도코뿔소의 뿔은 뼈로 이루어진 것이 아니에요. 털과 각질층, 기름 등이 섞인 단단한 구조물로 칼슘과 멜라닌, 케라틴이 뭉쳐 단단한 뿔 모양을 하고 있는 것이랍니다. 이 뿔은 약효가 있다는 근거 없는 소문으로 많은 희생을 낳았고, 현재까지도 이 뿔을 얻기 위한 밀렵이 끊이질 않고 있습니다.

IRV 2020과 인도코뿔소

인도의 마나스 국립공원은 1980년대 후반부터 2000년대 초반까지 지역 분쟁의 영향을 받아 해당 지역에 번성했던 코뿔소들의 개체 수가 매우 줄었습니다. 밀렵과 서식지 파괴, 농가에 피해를 준다는 이유로 마구잡이로 사냥을 하면서 100마리도 채 남지 않았던 시기가 있었습니다. 인도 북동부의 아삼 지역은 인도코뿔소 비전 2020(IRV 2020)의 일환으로 2005년에 코뿔소를 다시 도입하기로 결정했습니다. IRV 2020은 아삼 산림국, 국제 코뿔소 재단, 인도 WWF의 협력으로 시작하여 많은 보전 프로젝트의 확산을 일궈 냈습니다. 지난 12년 동안 아삼 산림국은 협력체들의 도움과 지역 사회의 지원으로 마나스 국립공원에 코뿔소를 성공적으로 재도입했습니다. 그 결과 현재 약 3600마리의 인도코뿔소들이 생존할 수 있게 되었습니다.

대모잠자리

영 명 Bekko Tombo
학 명 *Libellula angelina*
분 류 잠자리목 잠자릿과(곤충류)
분 포 대한민국, 중국, 일본, 북한
서식지 내륙 습지

바다거북의 등갑을 날개에 옮겨 놓은 듯한 대모잠자리

대모잠자리는 잠자릿과에 속하는 곤충으로, 몸은 갈색 바탕에 가운데 검은 줄이 있습니다. 갈대와 같은 수생 식물이 풍부하고 유기물이 많은 습지에서 주로 서식합니다.

대모(玳瑁)는 바다거북을 뜻하는데, 이 잠자리 날개의 갈색 부분이 바다거북의 등갑을 닮았다고 해서 '대모잠자리'라는 이름이 지어졌다고 합니다. 대모잠자리는 저서성 대형 무척추동물로 분류되는데, 저서성 무척추동물은 물이 있는 지역의 바닥이나 수초 주변에 일생 혹은 일생의 일부 동안 사는 척추가 없는 동물을 의미합니다. 다슬기 같은 복족류, 말조개 같은 부족류, 가재와 같은 갑각류 등이 이에 속하지요. 대모잠자리의 경우에도 유충 시절에는 물속에서 올챙이, 작은 물고기, 장구벌레를 잡아먹으면서 살고, 성충이 된 후에는 습지 주변에서 모기 등을 잡아먹으면서 살아갑니다.

대모잠자리가 사는 곳은?

대모잠자리의 분포 지역은 중국, 일본 그리고 한반도로 국한되어 있습니다. 개발 사업으로 인해 서식지가 확연하게 줄어들어 IUCN 적색 목록에는 위급(CR) 단계로 지정되어 있습니다. 과거 일본에서는 86개의 지역에서 대모잠자리가 발견되었으나 개발 사업으로 인해 현재는 16개 지점에서만 관찰되고 있습니다. 우리나라의 경우에도 개발 가능성이 높은 서남부 지역에 대모잠자리 서식지가 모여 있어 서식지 보전이 매우 시급한 상황입니다.

대모잠자리 보호를 위해 우리가 꼭 알아야 할 습지들

습지는 생물 다양성을 보전하고 생태계를 유지하는 데 있어 큰 역할을 수행하고 있습니다. 주변 지역의 산림, 수계와 유기적으로 연결되어 생태적인 연결성을 제공하며, 수질 정화, 토지 보호, 홍수 조절 등을 하고 있지요. 공원과 산책로가 조성된 습지는 도시 주민들에게 자연과 접촉하고 여가 활동을 즐길 수 있는 휴식 공간을 제공하기도 합니다. 생태계를 보호하기 위해 많은 습지들이 보전되어야 하지만, 그 중에서도 국내에서 대모잠자리가 발견된 습지 네 곳을 알아보고자 합니다. 각각의 습지가 어떤 특색을 지녔는지, 어떤 보물들을 숨기고 있는지 살펴보면 대모잠자리 보호에도 도움이 되지 않을까요?

- DMZ: 1953년 남한과 북한의 정전 협정 이후 평화를 위한 장치로 만들어진 DMZ는 북한과 남한 사이의 국경을 가로지르며 약 2Km 폭으로 이어져 있습니다. 이로 인해 DMZ 주변 지역의 접근과 활동이 제한되어 오랫동안 사람들이 다니지 않은 덕에 비무장 지대는 자연 그대로를 보존할 수 있었고, 현재 DMZ는 우리나라 멸종 위기 야생 생물의 약 38%가 서식하는 생태계의 보고가 되었습니다. 생태적,

역사적으로 큰 의미를 지진 이곳 DMZ 지역 중 연천-임진강 구역과 강원도 접경 지역이 유네스코 생물권 보전 지역으로 지정되어 있답니다.

- **우포늪:** 우포늪은 축구장 약 350개의 면적에 달하는 우리나라 최대 자연 늪지로 경상남도 창녕에 위치하고 있습니다. 식물은 480여 종 이상, 조류는 200종 이상, 저서성 무척추동물은 135종 이상이 서식할 정도로 많은 숨탄것들이 살고 있습니다. 2019년부터 낙동강 지역의 허가를 받아 창녕생태곤충원에서는 지속적으로 알 부화 및 방사를 통한 대모잠자리 보호 활동을 진행하고 있다고 해요. 2023년에도 약 1000마리 이상의 대모잠자리를 방사했다고 하네요.

- **갑천:** 대전 지역의 갑천은 2023년 현재 국가적으로 중요한 생태계인 내륙 습지 보호 지역으로 지정되었습니다. 이 갑천은 약 490여 종의 다양한 생물들이 서식하는 곳으로, 도시 안에 위치한 도시형 하천임에도 불구하고 원시적인 하천 생태계의 특징을 가지고 있어 국가적으로 보호되는 습지로 인정받았습니다. 갑천은 지속적으로 퇴적된 토지층이 있어 독특한 지형을 보이고, 풍부한 습지 식물과 수생 생물이 서식하며 생태적으로 상호 작용하고 유기적으로 연결된 생태계를 형성하고 있습니다.

- **낙동강 하구:** 낙동강 하구는 한강 하구에 이어 두 번째로 큰 내륙 습지 보호 지역입니다. 낙동강 하구는 다양한 크기의 삼각주들이 형성되어 있으며, 이 삼각주와 해안 일대의 갯벌, 우거진 갈대숲은 수많은 철새들에게 안식처와 보금자리가 되어 왔습니다. 현재 국내 최대 규모 대모잠자리 서식지로 추정되는 이곳의 삼각주 주변은 바다와 강물이 만나는 지점으로, 얕은 수심을 가진 넓은 갯벌들이 형성되어 있어 풍부한 플랑크톤, 어패류, 수서 곤충 등이 번식하고 생물 다양성이 풍부한 곳입니다.

수원청개구리

영 명 Suweon Treefrog
학 명 *Dryophytes suweonensis*
분 류 무미목 청개구릿과(양서류)
분 포 대한민국
서식지 논과 같은 물이 있는 얕은 습지

경기도 수원에서 처음 발견된 수원청개구리

청개구리는 중국, 일본, 러시아 등 동북아 지역에 널리 분포하고 있습니다. 우리나라에는 단 3종의 청개구리만이 살고 있는데, 그중 1종이 바로 지금 살펴볼 환경부 지정 멸종 위기 야생 생물 I급 보호종인 우리나라 고유종, 수원청개구리입니다. 수원청개구리는 한때는 전국적으로 분포해 흔하게 볼 수 있었지만, 현재는 경기도와 충청도, 전북 일대 논에서 소수만 서식하는 것으로 알려져 있습니다. 서식지 파괴와 생태계 변화로 인한 서식 환경의 악화 때문인데, 주택 건설, 도로 확장 등 인간의 활동으로 인해 서식지가 줄어들고 농약의 이용 등으로 개체 수와 유전적 다양성이 감소하고 있습니다. 우리가 보호해야 할 수원청개구리와 서식지를 두고 경쟁하고 있는 종들과 비교해 보면서 수원청개구리가 어떤 특징을 가지고 있는지 조금 더 살펴볼까요?

청개구리 vs. 수원청개구리

청개구리가 초저녁에 주로 논둑에서 운다면 수원청개구리는 논의 한 중앙에서 우는데, 청개구리는 '깩깩깩깩' 하는 상대적으로 높은 소리를 내고, 수원청개구리는 '깡-깡-깡-깡' 하는 금속성의 저음을 내는 것이 특징입니다. 청개구리에 비해 머리가 길며 뒷다리가 짧고 전체적인 몸의 크기가 상대적으로 작은 것이 차이점입니다. 수원청개구리가 멸종 위기에 놓인 이유로 여러 가설들이 존재하지만 그중 설득력이 있는 '경쟁가설'에 따르면 수원청개구리가 다른 개구리들과의 경쟁에 밀려 서식지를 잃고 도로가로 밀리면서 개체 수가 줄어들었다고 해요. 또 청개구리와 수원청개구리의 번식기가 겹치기 때문에 상대적으로 짧고 저음을 내는 수원청개구리가 경쟁에서 밀리게 될 가능성 역시 있다고 합니다. 4~5월이 되면 청개구리는 짝을 만나 산란을 하고 가을에 산지로 이동하여 겨울잠을 자게 됩니다. 하지만 수원청개구리의 경우 습지 주변에 머물기 때문에 서식지의 보전이 더욱 절실하답니다.

수원청개구리 vs. 노랑배청개구리

노랑배청개구리의 경우 배 부분이 하얀 청개구리와 다르게 노란색을 띠며, 수원청개구리보다 긴 울음소리를 냅니다. 노랑배청개구리는 앞발의 발등부터 발가락의 위까지 모두 초록색입니다. 청개구리보다 작은 종 중 칠갑산을 기준으로 북쪽에 사는 종은 수원청개구리, 남쪽의 익산과 부여, 완주 등에 서식하는 친구들은 노랑배청개구리라고 합니다. 옛날에는 수원청개구리와 같은 종으로 불리다가 2016년에 신종으로 밝혀졌습니다. 안타까운 점은 아직 멸종 위기종으로 지정이 되어 있지 않기 때문에 법적인 보호를 받지 못하고 있어요. 이에 익산 일대에 노랑배청개구리가 서식하고 있지만 도로 개발 허가가 나서 해당 서식지에 큰 위협이 가해질 것으로 예상되고 있습니다.

수원청개구리가 처한 현재 상황은?

수원청개구리의 개체 수는 조사 결과 2017년에는 2016년 대비 평균적으로 2.83개체가 증가한 것으로 나타났습니다. 그러나 개체 수가 감소한 지역은 72개이지만, 증가가 집중된 지역은 49개에 한정되었기 때문에 여전히 멸종 위기에 처한 상황은 개선되지 않았음을 알 수 있습니다. 이런 상황에서 여전히 많은 곳에서는 습지를 덮고 도로가 세워지거나 골프장이 만들어지고, 건물들이 들어서기 시작합니다. 지역 사회, 정부 및 환경 단체들이 협력하여 서식지를 보호하고 환경 교육 및 관리 방안을 모색하고 있습니다.

환경부 지정 멸종 위기 야생 생물 I급, II급

대한민국의 야생 동식물 보호법 시행 규칙에 의해 지정 및 보호되고 있는 멸종 위기 야생 동식물들을 등급으로 나누어 둔 것으로, 국제자연보전연맹(IUCN)이 지정하는 적색 목록 등급과는 다릅니다.

- **멸종 위기 야생 생물 I급** 자연적 또는 인위적 위협 요인으로 개체 수가 현저하게 감소되어 멸종 위기에 처한 야생 생물로서 관계 중앙 행정 기관의 장과 협의하여 환경부령이 정하는 종
- **멸종 위기 야생 생물 II급** 자연적 또는 인위적 위협 요인으로 개체 수가 현저하게 감소되고 있어 현재의 위협 요인이 제거되거나 완화되지 아니할 경우 가까운 장래에 멸종 위기에 처할 우려가 있는 야생 생물로서 관계 중앙 행정 기관의 장과 협의하여 환경부령이 정하는 종

순다천산갑

영 명 Sunda Pangolin
학 명 *Manis javanica*
분 류 유린목 천산갑과(포유류)
분 포 인도네시아, 말레이시아 일대
서식지 원시림과 나무가 많은 공원

인간의 욕심으로 멸종 직전에 놓인 순다천산갑

천산갑은 비늘에 덮인 개미핥기를 닮았습니다. 이마부터 꼬리까지 비늘로 덮여 언뜻 보면 파충류처럼 보이지만, 천산갑은 포유류 중 유일하게 비늘을 지닌 동물입니다. IUCN에 따르면 천산갑은 현재 아프리카에 4종, 아시아에 4종이 서식 중인데, 모두 IUCN 적색 목록에 포함돼 있답니다. 천산갑의 비늘을 약재와 가죽 등으로 쓰려고 밀렵을 일삼는 인간들로 인해 멸종 위기에 몰려 있는 것이지요.

긴 혀와 발톱으로 흰개미를 사냥하는 순다천산갑은 말레이시아와 인도네시아에 서식하는 친구로 말레이천산갑, 자와천산갑(자바천산갑)으로도 불립니다. 불법적으로 많은 거래가 이루어지고 있고, 이에 현재 야생에서 절멸하기 바로 직전인 위급한 멸종 위기에 처해 있는 순다천산갑에 대해 조금 더 살펴볼까요?

미평가	정보 부족	최소 관심	준위협	취약	위기	위급	야생 절멸	절멸
NE	DD	LC	NT	VU	EN	CR	EW	EX

순다천산갑과 다른 천산갑의 차이점은?

전 세계 8종의 천산갑 가운데 하나인 순다천산갑은 동남아시아 지역에 널리 분포해 있으며, 특히 인도네시아 수마트라섬과 칼리만탄섬, 자바섬에 걸쳐서 서식하고 있습니다. 지리적 범위는 중국 천산갑과 겹치지만 등을 가로지르는 더 적은 줄의 비늘, 더 짧은 앞다리 발톱, 더 길고 가느다란 꼬리 등의 생김새와 중국 천산갑보다 훨씬 더 오래 나무에 머무르는 생태를 통해서 구별할 수 있습니다. 필리핀의 천산갑 개체군은 최근까지도 모두 순다천산갑으로 간주되었지만 현재는 순다천산갑과 필리핀천산갑으로 구분되고 있습니다. 순다천산갑은 필리핀천산갑보다 등을 가로지르는 비늘 줄이 적고 비늘이 더 크며 머리와 몸통 대 꼬리 길이의 비율이 더 깁니다.

천산갑의 먹이와 구조적 특징

천산갑은 주로 흰개미를 먹고, 이를 사냥하기 위해 다양한 구조적 특징을 갖고 있습니다. 천산갑은 특이한 혀를 가지고 있는데, 이 혀는 길이가 최대 25cm까지 늘어날 만큼 길고 끈적끈적한 특성을 가지고 있습니다. 이로 인해 천산갑은 흰개미 구멍 속의 개체들을 손쉽게 잡아먹을 수 있습니다. 뿐만 아니라 천산갑은 강력한 발톱을 가지고 있습니다. 이 발톱은 흰개미 집을 찢기에 충분한 크기와 단단함을 갖추고 있어 효과적인 사냥이 가능하지요. 또 천산갑은 강력한 꼬리를 이용하여 나무에 매달려 높은 곳의 개미집으로도 충분히 오를 수 있습니다.

순다천산갑이 겪는 위협은?

순다천산갑은 최근 수십 년 동안 국내 및 국제적으로 법적 보호를 받고 있음에도 불구하고 심각한 위협을 받고 있습니다. 특히 천산갑의 비늘과 고기는 약재나 일부는 장식용 등으로 불법 거래되고 있습니다. 이러한 상황에도 단속과 처벌이 충분히 이루어지지 않고 있습니다. 이로 인해 천산갑의 밀렵이 지속적으로 이루어지고 있습니다. 2014년 이후 전 세계적으로 포획된 천산갑의 수는 약 10배나 증가했습니다. 전 세계적으로 존재하는 8종 모두 멸종 위기에 놓여 있기 때문에 천산갑의 보호를 위해 국제 협력이 필요한 시점입니다. 대중의 인식과 관심이 필요하고, 또 더 강력한 법적인 보호 대책과 밀렵에 대한 단속 그리고 불법 거래를 막기 위한 국제적인 협력이 절대적으로 필요하겠지요?

천산갑, 코로나바이러스 중간 숙주설 덕분에 살았다고?

멸종 위기에 몰린 천산갑이 코로나바이러스 감염증의 확산과 중간 숙주설로 인해 오히려 살길을 찾아가는 모습이라니 아이러니한 뉴스입니다. 현지 시간으로 2020년 6월 10일, 중국 정부가 천산갑을 1급 보호 야생 동물로 한 단계 격상시킨 데 이어 전통 약재 목록에서도 제외했다는 BBC의 뉴스가 있었습니다.

천산갑 8종은 국제자연보호연맹(IUCN)의 적색 목록에 모두 멸종 위기종으로 지정돼 있는데, 이중 순다천산갑·필리핀천산갑·중국천산갑은 멸종 직전의 등급인 위급(CR) 단계로 분류돼 있습니다. 천산갑이 멸종 위기에 놓여 있다는 사실은 이미 잘 알려져 있었지만, 코로나바이러스가 세계적으로 확산된 2020년 전 세계의 주목을 받았습니다. 천산갑이 코로나바이러스의 중간 숙주라는 일부 과학자들의 지적에 식품이나 약재로 사용되던 관행이 비판을 받게 된 것이었지요. 야생 동물 남획으로 인해 인수 공통 감염병이 확산되고 그 위험이 전 세계적으로 강조되면서 천산갑의 최대 수요국이던 중국이 압박을 받아 결국 천산갑을 보호하는 행동에 나서게 된 셈이랍니다.

야크

영　명 Wild Yak
학　명 *Bos mutus*
분　류 소목 솟과(포유류)
분　포 티베트고원, 히말라야, 중국, 네팔, 인도 등
서식지 4000~6000m 이상의 고지

길들여진 가축 야크 말고, 야생 야크 이야기

짙고 밀도가 높은 갈색 털, 말처럼 긴 꼬리, 영하 40°C까지 내려가도 끄떡없는 거대하고 탄탄한 몸집을 가진 야생 야크는 전 세계에 남은 개체 수가 넉넉하게 잡아도 약 1만 마리 정도로 추정(IUCN은 7500~9999마리로 추정)됩니다. 보통 10마리 정도가 한 무리를 이루는데, 야크들은 이끼, 지의류, 초본과 관목 같은 먹이를 찾으며 약 50km에 이르는 거리를 이동하면서 적들의 위협으로부터 보호하기 위해 새끼들을 무리 안쪽에 위치시킨다고 합니다. 야크들은 1930년대부터 히말라야 고산 지대에 서식한다는 것이 세상에 널리 알려지면서 많은 사냥을 당했습니다. 사람들은 젖과 고기, 털을 얻기 위해 사냥을 했고, 심지어 야크의 똥까지도 땔감으로 쓰기 위해 집 근처에 가둬 놓고 가축으로 사육하기 시작했습니다. 그 결과 가축화된 야크는 많지만, 야생 야크는 멸종 위기에 처하게 되었답니다.

야생 야크는 어떻게 고지대에서 살 수 있을까?

야크는 털이 두꺼우며 상대적으로 저지대의 솟과 동물들보다 땀샘이 적기 때문에 극한의 추위와 바람을 견디면서 열을 보존할 수 있습니다. 길고 거친 겉 털은 차가운 바람으로부터 보호해 주고, 두꺼운 속털은 보온성을 제공하여 몸 근처에 온기를 가둬 줍니다. 몸집이 큰 만큼 심장과 폐 역시 저지대의 솟과 동물들보다 크며 이는 더 많은 혈액을 전신으로 흐르게 만들고 더 많은 공기를 흡입할 수 있게 도와줍니다. 뿐만 아니라 특수한 적혈구 덕에 더 많은 산소를 고농도로 운반할 수 있고, 덕분에 산소가 부족한 높은 고도의 환경에서도 살 수 있습니다. 또한 야크는 튼튼한 발굽을 가지고 있어 거친 지형에서도 안정적으로 걸을 수 있습니다. 가파른 비탈을 오르거나 얼음이 덮인 지형에서도 큰 몸집을 이끌고 잘 이동할 수 있답니다.

가축화된 야크와 야생 야크

야생 야크(*Bos mutus*)와 길들여 가축화된 야크(*Bos grunniens*)를 학명으로 구분해서 부르지 않고, 둘 모두를 *Bos grunniens*로 표시하는 곳도 있지만 IUCN에서 야생 야크를 *Bos mutus*로 구분해 싣고 있으므로 여기에서는 가축화된 야크와 야생 야크를 구분해 썼습니다. 가축화된 야크는 야생 야크보다 크기가 작습니다. 가축 야크와 야생 야크 암컷의 몸무게는 약 300kg 정도로 비슷하지만, 수컷은 야생 야크의 몸무게가 약 3배 정도 더 나갑니다. 가축 야크 수컷의 키는 약 1.5m 정도이고 몸무게는 300~500kg 정도지만, 야생 야크 수컷의 경우에 키는 1.6~2m, 몸무게는 800~1200kg 정도랍니다. 가축 야크는 티베트고원에만 1400만 마리 이상 살고 있는 반면 야생 야크는 1만 마리를 넘지 않고, 적색 목록에는 취약(VU) 단계에 올라 있답니다.

티베트의 유목민들에게 가축 야크는 정말 중요한 재산인데, 물품 운송을 해 주기도 하고, 똥은 말려서 땔감으로도 쓰이고, 젖과 고기는 양식이 됩니다. 하지만 가축 야크가 많아지면서 야생 야크가 밀려나 살 곳이 점점 사라지고, 교잡종 역시 많이 발생하여 야생 야크가 사라질 위기에 처해 있습니다. 또 감염성 바이러스와 진드기 등이 가축화된 야크에게 전염이 되고, 이 야크들이 유목되는 중에 야생 야크에게까지 전염시킬 수 있어서 큰 위협을 안고 사는 셈입니다.

이동성 야생 동물 보호 협약과 중앙아시아 포유류 이니셔티브

CMS(Covention on the Conservation of Migratory Species of Wild Animals) 협약은 유엔 환경 계획인 UNEP(United Nations Environment Programme)의 산하에 있는 협약 기구로, 국가 경계를 넘어 이동하는 이동성 야생 동물에 대한 서식지와 종 보호를 주요 목적으로 하는 국제 조약입니다. CMS 협약의 당사국 총회는 3년마다 개최되는데, 이 중 11번째 총회에서 중앙아시아의 포유류 보호를 위해 '중앙아시아 포유류 이니셔티브(CAMI)'를 채택하게 되었습니다. 중앙아시아 지역은 사막, 히말라야산맥, 티베트고원 등 다양한 서식지로 구성되어 있어 중앙아시아 포유류 보호의 중요성이 더욱 커졌습니다. 이에 중앙아시아 주변국들은 종들의 보호를 위해 조약을 만들게 됩니다. 야생 야크는 특히 CMS 1급에 해당하는 종으로, 주로 티베트고원에서 출발하여 카슈미르 지역으로 이동하는 이동성 포유류이기에 CAMI의 보호를 받고 있습니다. 이런 CMS 협약은 이동성 야생 동물의 서식지 파괴, 분리, 사냥, 과잉 포획 등의 위험으로부터 보호하고, 그들의 이동 경로를 유지하며 종의 생존을 촉진하는 데 중점을 둡니다. 이를 통해 국가 간 협력을 강화하고, 이동성 야생 동물의 보호를 위한 국제적인 노력을 촉진하며, 생물 다양성 보전의 목표를 달성하기 위한 중요한 도구로 인정받고 있습니다.

따오기

영 명 Asian Crested Ibis
학 명 *Nipponia nippon*
분 류 황새목 저어샛과(조류)
분 포 중국, 대한민국, 일본, 러시아, 대만 등
서식지 논이나 얕은 습지, 소나무림 및 낙엽 활엽수림

야생에서 절멸된 따오기 그리고 복원까지

'보일 듯이 보일 듯이 보이지 않는 따옥따옥 따옥 소리 처량한 소리…'로 시작하는 동요 따오기를 들어 본 적이 있을 거예요. 이 노래에 등장하는 따옥따옥 따옥 소리가 바로 따오기의 울음소리입니다. 낙엽 활엽수와 소나무 등지에서 접시 모양의 둥지를 짓는 따오기는 얼굴과 부리 끝이 빨갛고 부리가 검으며, 노란 눈을 가진 친구입니다. 날개 안쪽이 살구색을 띠며 번식기가 아닐 때의 전체 깃털은 분홍빛을 띤 흰색입니다. 번식기인 2~6월이 되면 멜라닌 색소가 함유된 물질을 문지르게 되어 진한 회색으로 착색되는 현상을 보여요. 번식기가 되면 여러 개체가 군집을 이뤄 함께 새끼를 기르는데, 한 번에 약 3~4개 정도 산란하며, 약 한 달간 알을 품습니다. 1979년 이후 우리나라에서 절멸된 것으로 알려진 따오기는 40여 년이 지난 현재 복원에 성공한 상태랍니다. 그동안 따오기에게 무슨 일이 있었던 걸까요?

우리나라에 다시 돌아온 따오기

황새목 저어샛과에 속하는 겨울 철새, 따오기는 우리나라 천연기념물로 지정되어 있습니다. 쫙 편 날개의 길이는 40cm 정도이고 꽁지의 길이는 15cm 남짓이며, 몸은 희고 부리는 검은 새입니다. 부리는 아래로 약간 휘어진 모양을 하고 있고, 머리 뒤쪽의 깃털은 긴 도가머리를 하고 있습니다. 참나무와 밤나무 따위의 큰 활엽수 가지에 덩굴로 둥지를 틀어 한 배에 2~3개의 알을 낳으며, 개구리나 민물고기, 게 따위의 동물성 먹이를 주로 잡아먹습니다. 한국, 일본, 시베리아, 중국 등지에 분포하는데, 한국에서는 멸종되었다가 2000년대 우포늪 주변에서 복원 사업이 진행되고 있습니다.

따오기가 겪었던 위협들

- **DDT의 생물 농축:** 1970년대까지 농업에서 DDT라는 화학 성분의 농약이 쓰이면서 생물들 몸에 해당 성분들이 쌓이는 현상이 발생합니다. 따오기의 주된 먹이는 미꾸라지, 개구리 등인데, 농약을 먹은 개구리와 미꾸라지를 구별하지 못하고 먹은 따오기는 결국 몸에 DDT가 쌓이게 됩니다. DDT는 따오기의 칼슘 흡수를 방해하여 산란 시 알껍데기가 얇아지거나, 무정란을 낳게 되는 결과를 낳았습니다.
- **농사 방법의 변화:** 따오기는 하천이나 논 등 얕은 습지에서 먹이 활동을 하는데, 기계식 농경법과 물을 긷기 위한 시설인 '관개 시설'이 생기기 시작하면서 작은 수서생물들이 살 수 있는 여건이 충분치 않아져 따오기들은 먹이 찾기가 어려워졌습니다.
- **사냥의 증가:** 따오기의 서식지는 보통 민가와 가까이에 있었으며, 따오기의 행동은 매우 느렸기 때문에 굉장히 잡기 좋은 사냥감이었다고 합니다. 국내 따오기가 가장 많이 줄어들었던 원인 역시 이 사냥 때문입니다.
- **산림의 파괴:** 따오기는 주로 낙엽 활엽수 혹은 소나무 근처에서 산란을 하는데,

1960년대 국토 개발을 위해 도로가 만들어지고 산지가 깎이면서 자연스레 따오기가 쉬고 번식할 곳이 줄어들게 됐습니다.

- 6·25 전쟁의 발발: 1950~1960년 사이에 중국, 일본, 우리나라의 따오기 수가 동시에 대규모로 감소하는 현상이 발생하는데, 그 원인은 바로 6·25 전쟁의 발발 때문입니다. 따오기가 러시아에서 대만까지 이르는 긴 거리를 이동하기 위해서는 우리나라를 중간 기착지로 쉼터를 제공받아야 했지만, 1950년 6·25 전쟁으로 남북한의 토지가 황폐화되고 따오기들이 살 수 있는 환경이 조성될 수 없었습니다.

따오기 복원 사업

1922년 일본조류학회에서 붙인 *Nipponia nippon*이라는 학명은 전 세계적으로 멸종 위기에 처한 후에야 유명해졌습니다. 한반도에서 따오기는 1979년 비무장지대(DMZ) 인근에서 마지막으로 목격된 이후 발견되지 않았습니다. 일본에서는 2003년에 마지막 개체가 사망했다고 보도되기도 했습니다. 동아시아에서만 서식하는 따오기의 복원을 위해 중국으로부터 각 나라에 따오기를 재도입하기 시작했습니다. 후진타오 전 중국 국가주석이 2008년 한중 정상 회담 때 한 쌍의 따오기를 선물했고, 시진핑 주석이 2013년에 또 다른 한 쌍을 선물한 후 우리나라 창녕 따오기복원센터에서 복원 사업이 시작되었습니다. 일본에서는 2008년 9월 사도현 따오기복원센터에서 10마리를 방사하며 복원 사업이 시작되었고요. 현재 우리나라 따오기는 해마다 방사되고 있으며, 지금까지 약 400마리 이상의 따오기 개체를 방사할 수 있었습니다.

북아메리카
유럽
아시아
아프리카
남아메리카
오세아니아

 유럽햄스터
 유럽들소
 큰뇌조
 이베리아스라소니
 유럽밍크

 뒤영벌
 순록
 대서양퍼핀
흰올빼미

 검독수리
 유럽비버
 유럽오소리
 알파인아이벡스

 유럽불곰
 불도롱뇽
 소나무산달
 서유럽고슴도치
 외뿔고래

유럽의 멸종 위기 동물들

Part 2

국제자연보전연맹(IUCN)이 발표한 2020년 적색 목록에 추가된 멸종 위기의 생물종은 2263종이며, 이 중 가장 눈에 띄는 생물종 중 하나가 바로 유럽햄스터였습니다. 1996년 첫 멸종 위기 평가 후 멸종 위험이 거의 없어 최소 관심(LC) 단계로 분류되어 왔는데, 20여 년이 지나 야생에서 멸종 직전 단계인 위급(CR) 단계로 몇 단계나 상승했으니까요. IUCN은 현재의 추세라면 유럽햄스터는 30년 내에 멸종될 것이라고 추정하기도 했습니다. 한때 유라시아 지역에 널리 서식했던 유럽햄스터가 최근 들어 급격한 개체 수 감소를 보이는데, 그 원인은 단일 작물 재배지의 확장, 공업화, 지구 온난화, 빛 공해 등으로 추정된답니다. 유럽 연합(EU)은 재앙적인 야생 동물 손실을 해결하기 위해 '야생 동물 보호 법안'을 발의했습니다. 유럽 위원회(European Commission)가 발표한 내용의 목표는 2030년까지 꽃가루 매개체 개체 수의 감소를 되돌리고, 육지와 바다의 20%를 복원하며, 2050년까지 모든 생태계를 복원하는 것이었습니다.

현재 유럽의 어떤 야생 동물들이 멸종 위기에 처해 있는지 알아보고, 보호를 위해 우리는 어떤 노력들을 함께 해야 할지 생각해 봅시다.

유럽햄스터

영　명 Common Hamster
학　명 *Cricetus cricetus*
분　류 쥐목 비단털쥣과
분　포 유럽 중부와 동부, 러시아
서식지 밭이나 묘지 등 굴을 파기 좋은 흙이 있는 땅

멸종 위기에 처한 야생의 유럽햄스터

반려동물로 많은 사랑을 받고 있는 햄스터가 멸종 위기라는 소식에 놀라는 이들도 많습니다. 가장 큰 햄스터 중 하나인 유럽햄스터는 유럽의 중부와 동부 그리고 러시아에 걸쳐 서식하고 있습니다. 유럽햄스터는 전 분포 지역에 걸쳐 심각한 개체 수 감소를 겪었고, 현재 IUCN 적색 목록에는 야생에서의 절멸 바로 직전인 위급(CR) 단계에 등록되어 있습니다. 연구에 따르면 개체 수 감소는 낮은 번식률 때문일 가능성이 높다고 합니다. 번식률 감소의 원인은 아직 완전히 파악되지 않았지만, 단일 식물 재배 농장의 확대, 산업 발전, 지구 온난화, 광공해 등이 원인일 가능성이 제기되고 있답니다. 적절한 조치를 취하지 않으면 30년 안에 멸종될 수 있다는 유럽햄스터들에 대해 좀 더 자세히 살펴보도록 합시다.

유럽햄스터의 야생 생활은 어떤 모습일까?

야생에서 살아가는 유럽햄스터는 몸길이가 평균 20~30cm 정도이고 몸무게는 500g 이상으로, 애완동물로 분양되는 햄스터의 몸길이 15cm, 몸무게 150g 정도에 비하면 두 배 이상의 크기를 자랑합니다. 갈색의 털에 얼굴과 몸 전면에 흰 줄무늬가 있으며 굴속에서 생활하는 야생 햄스터는 주로 식물을 먹지만 곤충이나 작은 포유류까지 사냥하기도 합니다. 햄스터는 먹이를 볼주머니에 넣고 다니며 겨울 동안 사용할 식량을 땅속에 저장합니다. 겨울잠을 자는 기간은 10월부터 3월까지인데, 5~7일마다 깨어나 먹이를 먹습니다. 보통은 하루의 95%를 굴속에서 지내다가 새벽이나 황혼에 먹이를 찾기 위해 굴을 나섭니다. 유럽햄스터는 주로 밀밭에서 굴을 파는 것을 좋아하는데, 밀밭은 먹이를 쉽게 구할 수 있을 뿐만 아니라 포식자로부터 자신을 숨기기에 유리해서랍니다.

유럽햄스터의 멸종을 막기 위한 노력들!

타루티노초원은 우크라이나와 유럽에 걸쳐 있는, 사람의 손길이 닿지 않은 마지막 지역 중 하나입니다. 이 초원은 유럽햄스터들이 생물 다양성을 유지하고 생태계에 기여할 수 있게 해 줍니다. 유럽햄스터들은 이 지역의 토양을 기름지게 하고, 먹이를 먹고 저장하는 활동을 통해 식물의 씨앗을 흩뿌리고 퍼뜨리는 역할을 합니다. 유럽햄스터들은 굴을 파서 생활하는데, 이 굴은 다양한 야생 생물 종들의 서식지가 되어 주어 생물 다양성을 유지하고 증진시킵니다. 이로써 지역 생태계의 균형을 유지하고, 다양한 조류와 포유류들에게는 중요한 먹이원을 제공하며, 지역의 먹이 사슬에서도 핵심적인 역할을 수행합니다. 키이우동물원에서는 우크라이나 전역에서 멸종 위기에 처한 유럽햄스터들의 개체 수를 회복하기 위한 프로그램의 일환으로 종 복원 프로젝트를 진행하고 있습니다. 이를 통해 유럽햄스터들을 번식시키고, 그들의 개체 수를 증가시키며, 안정적인 서식지를 찾을 수 있도록 도와줍니다. 키이우동물원은 최근 몇 년 동안 유럽햄스터들의 번식과 야생 복원에 많은 노력을 기울여 멸종 위기에 처한 유럽햄스터들의 생존을 돕는 중요한 역할을 하고 있습니다.

묘지, 유럽햄스터의 새로운 안식처가 되다

오스트리아 빈에 위치한 젠트랄프리드호프, 마이들링, 프리드호프 빈 마이들링과 같은 조용한 묘지들은 멸종 위기에 처한 유럽햄스터들의 안식처로서 알려져 있습니다. 도시화로 인해 유럽햄스터들은 서식지를 잃었지만, 이러한 묘지공원들은 그들에게 새로운 생활 공간을 제공하고 있습니다. 유럽햄스터들은 이런 묘지공원에서 녹지 지대를 찾아 삶을 이어 가며 지하에 굴을 파고 생활하고 있습니다. 유럽햄스터들은 묘지 내 양초의 왁스를 먹으면서 기름을 섭취하는데, 이 기름 성분으로 인해 그들은 겨우내 체온을 유지할 수 있습니다. 또한 묘지에는 다양하고도 신선한 꽃들이 자라고 있어 유럽햄스터들이 섭취하고 영양소를 공급받습니다. 이처럼 조용한 묘지공원은 도시화로 인해 서식지를 잃은 유럽햄스터들에게 안정적인 생활 공간을 제공하고 있고, 멸종 위기에 처한 이들의 생존을 돕고 있습니다.

유럽들소

영 명 European Bison
학 명 *Bison bonasus*
분 류 소목 솟과 (포유류)
분 포 벨라루스, 폴란드, 서부 코카서스 지역
서식지 관목이 있는 개방된 초원

유럽에서 가장 큰 육지 포유동물, 유럽들소

유럽들소는 유럽에서 가장 큰 육지 포유동물로 수컷은 암컷보다 훨씬 더 몸집이 큽니다. 몸길이는 2.5~3m이며 몸무게는 최대 1000kg까지도 나갑니다. 빽빽하고 짙은 황금빛이 도는 갈색 털이 온몸에 촘촘하게 나 있는데, 이마 위의 머리카락은 곱슬곱슬합니다.

2020년 IUCN은 유럽들소가 지속적인 보존 노력으로 적색 목록 취약(VU) 단계에서 준위협(NT) 단계로 복원됐다고 밝혔습니다. 약 100년 전 거의 멸종된 것으로 알려졌던 유럽들소가 1950년부터 대대적으로 전개된 보존 노력의 결과로 2019년에는 유럽 전역에 총 6200여 마리가 야생에서 서식 중인 것으로 알려졌습니다. 유럽들소의 복원을 위한 노력은 단 1종의 회복뿐만 아니라 그들이 서식하는 생태계에도 긍정적인 영향을 미치고 있습니다. 거의 멸종된 것으로 알려졌다가 다시 우리 곁으로 돌아온 유럽들소에 대해 자세하게 알아볼까요?

유럽 생태계의 핵심종, 유럽들소

유럽들소는 유럽의 핵심종으로 여겨지는데, 이는 유럽들소가 다양한 동식물들과 상호 작용하기 때문입니다. 생태계를 유지시키는 열쇠 같은 역할을 하는 핵심종이 사라지면 그 생태계는 연쇄적으로 무너집니다. 유럽들소의 겨울털을 이용하여 둥지를 짓는 박새, 들소의 몸에 붙은 곤충들을 먹는 까치는 물론, 유럽들소의 발굽과 모피에 달라붙은 풀과 이끼류는 멀리 흩어지면서 새로운 지역에 번식할 수 있는 기회를 얻기도 합니다. 열매와 씨앗들은 유럽들소의 소화관을 통과하면서 배설물을 통해 더 멀리 퍼져 나갈 수 있습니다. 또 유럽들소가 진흙 구덩이에서 목욕을 하는 동안 흙을 굴린 덕분에 꽃들의 번성에 도움을 주고, 이로 인해 생긴 녹지는 다양한 수분 매개 곤충들을 불러들여 생태계의 다양성을 증가시킵니다. 유럽들소는 그들의 행동과 존재로 인해 주변 환경을 조화롭게 유지하며, 생태계의 안정과 균형을 도모하는 역할을 합니다.

유럽들소 vs. 아메리카들소

들소에는 유럽들소(*Bison bonasus*)와 아메리카들소(*Bison bison*) 두 종이 있습니다. 신기하게도 유럽들소는 아메리카들소보다 키는 크지만 무게는 덜 나갑니다. 유럽들소의 다리가 더 길고 꼬리털도 더 많습니다. 머리를 기준으로 봤을 때, 유럽들소는 코가 이마보다 더 앞쪽으로 튀어나와 있는 반면 아메리카들소는 코가 이마보다 안쪽에 있습니다. 이런 현상은 두 종의 식습관과 매우 관련이 깊은데, 주로 관목이나 더 높은 곳의 나뭇잎을 먹는 유럽들소의 경우 이파리를 뜯기 위해 코가 앞으로 나와 있고 초원의 풀을 주로 먹는 아메리카들소의 경우 보통 코가 이마보다 튀어나와 있지 않습니다. 또 아메리카들소는 15쌍의 갈비뼈를 가지고 있으나 유럽들소는 14쌍만 가지고 있다고 합니다. 이처럼 같은 들소이지만 지리적, 생태적 환경에 따라 조금씩 다른 모습으로 살아가고 있습니다.

사라진 유럽들소 그리고 복원

유럽들소는 한때 스페인, 이탈리아, 스칸디나비아 북부를 제외한 유럽의 전 지역에 분포했으나 계속되는 사냥과 서식지의 감소로 인해 수 세기 동안 분포 지역이 지속적으로 줄어들었습니다. 1927년, 마지막 야생 유럽들소가 코카서스*에서 사냥으로 사라지면서 야생 절멸이 선언되었습니다. 다행히도 유럽들소는 사육되고 있던 소수의 개체를 이용한 다양한 번식 프로그램과 재도입 지원을 받으며, 꾸준한 회복세를 보였습니다. 1954년, 폴란드의 비아워비에차 숲에 처음으로 방사된 이래로 야생 유럽들소 개체 수는 느리지만 꾸준히 증가해 IUCN은 현재 2518개체 정도로 추정하고 있습니다. 이러한 노력들은 유럽들소의 생존과 복원에 중요한 역할을 하고 있습니다. 지속적인 모니터링과 서식지 보호, 사냥 제한 등의 조치는 유럽들소의 개체 수를 안정시키고 번성시키는 데 도움이 되고 있습니다. 유럽들소는 유럽 대륙의 자연과 문화유산을 대표하는 종으로, 미래 세대에 전해 줄 소중한 유산으로 잘 보전해야 합니다.

---

*코카서스(Caucasus) : 캅카스라고도 불리며, 흑해와 카스피해 사이에 위치한 산악 지역으로 러시아, 조지아, 아제르바이잔, 아르메니아 등이 국경을 접하고 있고 남쪽으로는 이란, 서남쪽으로는 튀르키예가 국경으로 이어져 있다. 유럽과 아시아의 육상 경계를 이루는 지역으로 유럽으로 분류되기도 하고 서아시아로 분류되기도 하는 등 경계가 모호한 지역이다.

큰뇌조

영 명 Western Capercaillie
학 명 *Tetrao urogallus*
분 류 닭목 꿩과(조류)
분 포 유럽 중·북부
서식지 침엽수림, 언덕과 산

천둥소리를 내는 새, 큰뇌조

큰뇌조는 유럽 중부와 북부에 서식하는 닭목 꿩과의 새로, 칠면조와 닮은 모습을 하고 있습니다. 뇌조(雷鳥)라는 이름의 한자는 우레 뢰, 새 조를 쓰는데, 천둥과도 같은 울음소리를 내는 새라는 의미가 담긴 듯합니다.

큰뇌조의 몸길이가 80~100cm에 이르고, 몸무게는 평균 4kg 정도이나 지금까지 알려진 표본 중 7.2kg에 달하는 것이 있을 정도로 몸집이 상당히 큰 새랍니다.

18세기 중반 영국에서는 큰뇌조가 멸종되었지만 19세기에 들어 스웨덴으로부터 다시 도입되었습니다. 1970년대 초에는 약 2만 마리가 영국 전역에 서식하는 것으로 조사됐다가 1990년대 초 이뤄진 공식 조사에서는 그 수가 약 2000마리로 감소한 것으로 나타났습니다. 현재도 큰뇌조의 개체 수는 서서히 감소 추세를 보이는데, 도대체 큰뇌조는 어떤 위협을 겪고 있는 걸까요?

앵그리버드의 모티브가 된 큰뇌조의 생김새

큰뇌조의 암컷과 수컷은 그 생김새가 꽤 다릅니다. 수컷 큰뇌조는 눈 위로 눈썹처럼 보이는 선명한 붉은 피부를 가졌고, 굽은 모양에 노란빛을 띤 강한 부리, 부채 모양으로 펼치고 다니는 꼬리 깃털, 둥근 몸통에 광택이 나는 검은색 깃털, 녹색의 가슴 깃털, 갈색의 날개 깃털을 가진 거대한 크기의 새입니다. 수컷은 분노 조절 장애가 있는 것 아니냐고 할 정도로 상대를 닥치는 대로 공격하기도 합니다. 그러다 포식자인 검독수리를 공격하고 결국 검독수리의 날카로운 발톱에 죽임을 당한다는 내용이 내셔널지오그래픽의 다큐멘터리로 방영되기도 했습니다. 이런 큰뇌조의 모습은 앵그리버드 시리즈 밤(BOMB)의 모티브가 되기도 했다고 알려져 있습니다. 큰뇌조 암컷은 수컷보다 몸집이 절반 정도 크기로 더 작고 깃털은 짙은 갈색입니다. 목과 윗가슴에 밝고 막대가 없는 주황색 갈색 패치가 있습니다.

큰뇌조와 레크

매년 번식기에 수컷들이 모여 암컷을 얻기 위해 춤을 추고 노래하는 장소를 '레크'라고 부릅니다. 수많은 수컷들이 모여 이 장소에서 춤과 노래를 선보입니다. 이 특별한 공간에서 암컷들은 가장 마음에 드는 수컷을 골라 짝짓기를 합니다. 레크에서 큰뇌조들은 다양한 행동을 하기 시작합니다. 밤이 지나고 이른 아침 시간에 쉭쉭 하는 소리와 끄르륵 하는 소리가 들리고, 날개가 땅을 따라 끌리는 소리와 함께 어둠 속에서 늘어진 목과 부채꼴 모양의 꼬리가 펼쳐집니다. 수컷들은 한 시간 이상에 걸쳐 춤과 노래를 이어 가며 경쟁합니다. 그들은 자신만의 특별한 춤을 선보이고, 노래로 땅을 울리며 암컷들의 관심을 끌기 위해 최선을 다하지요. 이렇게 수컷들은 아름다움과 힘을 어필하며 암컷들의 선택을 받기 위해 경쟁한답니다.

인간의 활동으로 인한 '가장자리 효과'

현재 대부분 영국의 큰뇌조의 서식지는 스코틀랜드 북부의 케언곰국립공원의 소나무 숲으로 제한되어 있으며 그곳에서 열매와 침엽수 나무의 싹과 새싹을 먹으며 살아갑니다. 빌베리, 크랜베리, 솔잎과 노간주나무 열매 등을 먹고, 종종 곤충도 먹습니다.

영국 내 큰뇌조는 18세기에 멸종됐다가 스웨덴에서 19세기에 도입해 복원을 시도해 1970년 복원에 완벽하게 성공한 듯 보였으나 서서히 개체 수가 감소해 현재는 약 2000마리 정도만이 스코틀랜드 북부에만 서식 중인 것으로 알려져 있습니다. 다시 시작된 큰뇌조의 개체 수 감소에는 서식지 파편화와 인간의 간섭이 매우 큰 영향을 미쳤는데, 큰뇌조의 서식지에 인간과 반려동물이 다니고, 이로 인해 물림 사고나 번식에 대한 스트레스를 많이 받았을 것이라고 합니다. 큰뇌조는 특정 지역에만 서식할 수 있지만 도로가 나고 탐방로가 생기기 시작하면서 이들의 서식지가 파편화되고, 뭉쳐 살 수 있는 구역이 점점 작아지게 된 것이지요. 구역의 가장자리가 점점 많이 생기기 시작한 것입니다. 이렇게 어떤 개발로 인해 서식지가 나뉘어지고 공격을 받을 수 있는 구역이 많아지는 현상을 '가장자리 효과'라고 합니다.

이베리아스라소니

영 명 Iberian Lynx
학 명 *Lynx pardinus*
분 류 식육목 고양잇과(포유류)
분 포 이베리아반도에 있는 스페인 남서부
서식지 관목림, 초원 지대 등

이베리아스라소니의 복원 성공 요인은?

긴 수염과 몸에 있는 작은 반점들, 민첩한 몸과 유연한 관절을 가진 이베리아스라소니는 이베리아반도에 있는 스페인 남서부의 좁은 두 지역에서만 발견됩니다. 다른 이름으로 스페인스라소니라고도 불리며 주로 유럽토끼를 잡아먹고 살아갑니다. 한때 스페인 안달루시아 지역에만 200마리 이하로 존재하고 고양잇과 동물 중 멸종 위기 상태가 가장 심각하다고 알려져 멸종을 막기 위한 연구와 보전 프로젝트가 진행되고 있습니다. 어떤 위협 요인들이 이베리아스라소니의 개체 수를 점점 줄어들게 했는지, 그리고 성공적이라고 불리는 이베리아스라소니의 복원에는 어떤 성공 요인들이 있었는지 함께 알아보도록 합시다.

작은 호랑이처럼 생긴 이베리아스라소니의 생태적 특성은?

작은 호랑이처럼 생긴 이베리아스라소니는 귓바퀴 끝에 길게 솟아 있는 검은 털이 특징입니다. 이베리아스라소니는 은신처가 되어 주는 빽빽한 관목과 사냥하기 좋은 개방적인 초원이 혼합된 지역을 선호합니다. 스페인 도냐나국립공원 기준 이베리아스라소니 먹이의 80% 이상은 굴토끼로도 불리는 유럽토끼(Oryctolagus cuniculus)입니다. 토끼에게 전염병이 발생해 개체 수가 줄어들거나 했을 때는 작은 설치류, 새, 새끼 멧돼지, 붉은사슴 등 다른 먹이를 찾기도 합니다. 유럽토끼를 사냥하기 위해 초원 가장자리와 더 넓은 초원 지역을 특히 저녁과 새벽 무렵에 이동합니다. 성체 스라소니는 하루에 한 마리의 토끼를 먹지만, 새끼를 가진 암컷의 경우 매일 세 마리 정도 사냥을 한다고 해요. 그래서 이 스라소니의 활동 주기는 토끼의 활동 패턴과 매우 유사한 그래프를 그린다고 합니다.

이베리아스라소니 vs. 유라시아스라소니

이베리아스라소니의 몸무게는 보통 10~15kg 정도로 약 18~30kg까지 나가는 유라시아스라소니보다 절반 정도로 몸집이 작습니다. 또 두 종은 생태와 행동 측면에서 서로 다른 모습을 보입니다. 다른 많은 고양이잇과 동물들과 마찬가지로 유라시아스라소니는 다양한 동물을 먹잇감으로 하는 포식자입니다. 자신의 크기보다 최대 4배나 더 큰 먹이를 포함하여 다양한 먹이로 생존할 수 있고 위협을 받으면 공격성이 높아질 수 있습니다. 반면에 이베리아스라소니는 유럽토끼와 자고새 정도를 사냥하는 것을 선호하기 때문에 적응력이 낮고 더 선택적으로 먹이를 먹는 동물입니다. 한동안 유럽토끼들 사이에 점액종증이라는 전염병이 퍼지기 시작하면서 대대적으로 포획되었고, 이는 자연스럽게 유럽토끼를 주로 먹고 사는 이베리아스라소니의 개체 수를 감소시켰습니다.

이베리아스라소니가 겪은 또 다른 위협들

이베리아스라소니는 한때 세계에서 가장 멸종 위기에 처한 야생 고양이 종 중 하나였습니다. 1985년에서 2001년 사이에 약 87%가 감소했고 번식하는 암컷의 수는 90% 이상 감소했습니다. 2000년까지 이베리아스라소니는 안달루시아 남부에 70~80마리, 시에라 모레나에 170~180마리 정도의 작은 개체군으로 존재했습니다. 주요 서식처였던 관목지들이 대부분 농업과 소나무 및 유칼립투스 농장 등으로 개간되면서 급속한 서식지 파괴가 개체 수 감소를 불러온 것이지요. 밀렵이나 댐, 고속 도로, 철도와 같은 인간의 활동들도 이들의 서식지를 잠식하고 개체 수를 감소시켰습니다. 2000년 들어 이베리아스라소니는 멸종 위기종으로 분류되었고, 스페인에서는 서식지 확보와 스라소니 보존 프로그램을 꾸준히 추진했습니다. 주요 먹잇감인 토끼 개체 수를 따로 관리하고, 환경법이 엄격해지고 처벌도 강해졌어요. 2020년 들어 이베리아스라소니의 개체 수가 1100마리에 달하는 등 약 18년 간 10배나 많아지기도 했습니다. 하지만 이베리아스라소니 복원은 주요 먹이인 토끼 개체 수를 회복하기 위한 지속적인 노력, 서식지의 질과 연결성 향상, 위협 요인들과의 싸움 같은 추가 조치들이 여전히 필요합니다. 이전에는 이베리아스라소니가 가축을 해친다는 인식을 가지고 있어 덫을 놓던 서식지 인근 주민들에게 스라소니 그리기나 작문 대회 등 여러 행사를 열면서 종 보전에 대한 중요성을 알리는 인식 개선 활동을 함께 해 오고 있습니다. 전문가들은 지금처럼 스페인과 유럽 연합의 공조와 노력이 지속된다면 2040년에는 이베리아스라소니가 멸종의 위험에서 벗어날 것이라고 기대하고 있답니다.

유럽밍크

영 명 European Mink
학 명 *Mustela lutreola*
분 류 식육목 족제빗과(포유류)
분 포 프랑스, 루마니아, 러시아 서부, 스페인, 우크라이나, 에스토니아
서식지 빽빽하게 초목이 우거진 강, 개울, 계곡

야생 절멸 바로 직전 '위급'한 단계에 놓여 있는 유럽밍크

유럽밍크는 과거 러시아 전역과 유럽 전역에서 쉽게 볼 수 있을 정도로 넓게 서식했던 종이었으나 현재 스페인 북부, 프랑스, 루마니아와 우크라이나의 다뉴브 삼각주, 러시아 일부 지역에만 고립되어 서식하고 있습니다. 2011년에 유럽밍크는 IUCN의 적색 목록 위기(EN) 단계에서 심각한 위기를 알리는 위급(CR) 단계로 상향되었습니다. 위급(CR) 단계는 야생에서 절멸하기 바로 직전의 단계이니 유럽밍크의 멸종 위기 상황이 심각하다는 것을 알 수 있겠지요? 유럽밍크의 서식지는 개발과 수력 발전 등으로 인해 파괴되었습니다. 또 쥐나 설치류 등을 잡기 위해 놓은 덫에 걸려 죽었고, 모피를 얻기 위해 사냥이 되기도 했습니다. 현재 모든 나라에서 법적 보호를 받고 있지만, 여전히 야생에서 멸종 직전의 단계에 놓여 있는 유럽밍크에 대해 좀 더 알아봅시다.

유럽밍크는 어떻게 살고 있을까?

유럽밍크는 반수생 포유류로서 가까운 친척인 족제비와는 다른 특징을 가지고 있습니다. 족제비보다는 귀가 짧은 편이고, 머리는 크고 넓은 모양입니다. 유럽밍크는 발에 물갈퀴가 있어서 땅과 물에서의 이동이나 사냥에 유리한 구조를 갖추고 있습니다. 수영을 잘해 1~2분간 잠수를 하고, 앞·뒷다리 동시 패들링도 할 수 있답니다. 육상에서는 들쥐, 물새, 새알, 산토끼 등을 사냥하며, 물가에서는 개구리, 도롱뇽, 물고기, 가재 등을 주로 잡아먹습니다. 유럽밍크들이 과거에는 저지대에서도 많이 서식했으나 서식지의 파편화와 먹이 경쟁으로 인해 19세기 이후에는 그 수가 97% 이상 감소하였습니다. 유럽밍크는 생태계에서의 위치를 점차 잃어 가고, 생존 가능성이 매우 어려워지면서 서식지가 점점 높은 고지대로 이동하고 있어 고지대 수변 지역 보호와 보전도 매우 중요해졌습니다.

유럽밍크 vs. 미국밍크

1920~1930년대 미국으로부터 모질이 더 좋은 미국밍크를 들여오게 되었고, 사육 과정에서 미국밍크들이 탈출하고 자연에 적응하면서 기존에 살고 있던 유럽밍크와의 서식지 경쟁이 시작되었습니다. 보통 밍크류의 족제빗과 동물들은 주로 수변 지역에서 먹이 활동을 하는데, 미국밍크가 유럽밍크에 비해 훨씬 크고 공격적이며, 훨씬 더 뛰어난 적응력을 가지고 있기 때문에 경쟁에서 유럽밍크가 밀렸답니다. 또 미국밍크는 빠른 이동력과 뛰어난 사냥 기술로 유럽의 자연환경에 빠르게 적응해 다양한 서식지에서 번성할 수 있었습니다. 이에 반해 유럽밍크는 상대적으로 작고 온순한 특성을 가지고 있었기에 결과적으로 미국밍크는 서식지에서 유럽밍크를 밀어내게 되었습니다.

유럽밍크의 보전을 위해 만들어진 새로운 터전

스페인 측에서는 유럽밍크의 대체 보전 서식지로 에스토니아의 히이우마섬을 선정하여 172마리의 유럽밍크를 방사하였고, 이들의 적응 행태를 모니터링했는데, 약 4~6주 만에 유럽밍크들은 새로운 환경에 적응했고, 번식 역시 잘 진행되었습니다. 히이우마섬은 유럽밍크들에게 이상적인 생태계를 제공하여 적응이 빠르게 이루어진 것으로 나타났습니다. 새로운 환경에서도 유럽밍크들은 먹이를 확보하고 번식을 위한 행동을 자연스럽게 보였습니다. 이는 유럽밍크의 생태적인 유연성과 적응력을 보여 주는 좋은 사례입니다. 히이우마섬 이후 다양한 곳에서 유럽밍크 보전에 힘을 쓰게 되었는데, 스페인의 북부에서는 남은 500여 개체를 보전하기 위한 연구가 활발히 진행되고 있다고 합니다. 더 많은 관심과 연구로 유럽밍크가 살 곳이 늘어났으면 좋겠습니다.

뒤영벌

영 명 Bumblebee
학 명 *Bombus reinigiellus*
분 류 벌목 뒤영벌과(곤충류)
분 포 이베리아반도
서식지 지중해 초목과 초원 고도가 있는 전형적인 초원

대표적인 화분 매개 곤충, 뒤영벌

꿀벌은 공격성이 강해 집단 공격을 하기도 하고, 흐린 날은 활동성이 낮습니다. 반면 뒤영벌은 환경 적응력이 높고, 흐린 날도 활동성이 높으며, 공격성은 낮아 쏘일 확률이 거의 없지요. 뒤영벌은 전 세계에 약 250여 종이 살고 있으며, 대부분 사회성을 가지고 해당 지역의 꽃과 나무가 가득한 생태계에서 핵심적인 역할을 합니다. 우리나라 시설 하우스 농가에서도 딸기 등을 키울 때 꿀벌을 대신해 뒤영벌이 화분 매개 곤충으로 농작물 생산을 돕고 있습니다. 화분 매개 곤충이란 꽃에서 꽃으로 꽃가루를 옮기면서 자연적으로 수분이 되도록 돕는 곤충을 말합니다. 다소 생소하지만 뒤영벌은 꿀벌에 비해 둥그스름한 몸에 덥수룩한 털로 둘러싸인 대형 꽃벌이랍니다. 우리가 잘 몰랐지만, 우리 주변에 있는 곤충 뒤영벌에 대해 좀 더 살펴볼까요?

뒤영벌의 비밀

〈트랜스포머〉에 나오는 범블비의 어원이자 〈해리포터〉에 나오는 호그와트의 교장 덤블도어 역시 영어로 뒤영벌을 뜻하는 옛 명칭이라고 합니다. 또 우리가 많이 아는 '왕벌의 비행'이라는 음악은 영어 제목이 'Flight of the Bumblebee'이기 때문에 꿀벌, 말벌보다는 뒤영벌, 땅벌, 호박벌 등으로 바꾸는 게 맞겠지요? 뒤영벌은 매우 토실한 엉덩이를 가지고 있어요. 이렇게 큰 덩치에 작은 날개로 어떻게 비행을 할 수 있나 싶지만 초당 230회의 날개를 큰 가슴근육으로 움직여 상승 기류를 타고 움직인다고 합니다.

생물 다양성 유지를 위한 수분 매개자, 뒤영벌의 운명은?

뒤영벌은 유럽에서 생물 다양성 유지를 위해 아주 중요한 수분 매개자입니다. 뒤영벌 중 IUCN 적색 목록에서 가장 멸종 위기 등급이 높은 *Bombus reinigiellus*의 형태적인 특징은 몸에 레몬색과 검은색 띠가 있고 마지막 부분에 검은색과 흰색 밴드가 있습니다. 유럽의 범블비들을 구별하는 것은 바로 이 검은 띠의 위치, 넓이, 하얀 부분의 유무와 위치입니다. 여왕벌은 최대 22mm까지 자라며, 일벌은 15mm 정도의 크기라고 합니다. 이들은 꽃이 풍부한 초원과 습지 그리고 도랑과 같은 서식지에서 중요한 역할을 합니다. 그러나 농업의 강화와 임업 개발로 인해 이러한 서식지가 파괴되고 감소함으로써 뒤영벌의 개체 수가 감소하는 문제가 발생하고 있습니다. 특히 디기탈리스라는 식물은 뒤영벌의 중요한 먹이 식물 중 하나인데 이 식물은 일부 지역에서 이미 사라져 버린 상황이며, 안달루시아 지역에서도 다른 식물들과 함께 서서히 사라지고 있습니다. 이로 인해 뒤영벌은 생태계에서 더 생존의 위협을 느끼게 되었지요.

수분 매개자와 지구 온난화

꽃가루 즉, 화분을 옮겨 수분을 돕는 화분 매개 곤충과 같은 친구들을 우리는 수분 매개자라고 합니다. 수분 매개자는 생태계 내에서 다양한 역할을 하는 아주 중요한 위치를 차지하고 있습니다. 지금 멸종 위기에 처한 뒤영벌의 한 종인 *Bombus reinigiellus*의 경우 유럽과 같은 북쪽 온대 지역에서 주로 활동합니다. 이 친구들은 기후와 땅 사용, 농약 사용 등과의 지리적 상호 작용에 매우 민감합니다. 현재 기후 변화의 증거들은 유럽 전역의 뒤영벌 분포에도 영향을 미칠 것으로 예상됩니다. 이미 더워진 기온으로 인해 뒤영벌의 삶에 생태 엇박자가 생겨 많은 개체들이 사라졌습니다. 이 *Bombus reinigiellus*의 경우 매우 지협적인 분포를 보이고 있는데, 스페인의 시에라 네바다 지역의 고산 지대에 살다 보니 지구 온난화에 더욱 취약합니다.

전 세계적으로 수분 매개자들이 겪는 위협은 어마어마한데, 진드기나 기생충의 확산, 기온의 변화와 식물의 개화 시기 변동, 서식지의 식생 변화 등은 수분 매개자들의 생존에 큰 타격을 준답니다.

순록

영 명 Reindeer
학 명 *Rangifer tarandus*
분 류 소목 사슴과(포유류)
분 포 북극 툰드라 지역
서식지 침엽수림, 산악 지역

크리스마스의 상징, 루돌프는 순록이다!

크리스마스 하면 가장 먼저 떠오르는 동물, 바로 루돌프의 모티브인 순록 이야기입니다. 북극과 가까운 툰드라 지역 침엽수림, 산악 지역에서 지의류를 주식으로 하고, 마른풀, 버드나무의 잎 등을 함께 먹으며 살아가는 순록은 북유럽 유목민의 생활에 밀접하게 관련이 있고 다채로운 비밀들을 가지고 있습니다. 순록의 몸길이는 1.8m, 어깨의 높이는 1m 정도이며, 여름에는 어두운 갈색, 겨울에는 갈색을 띕니다. 겉면의 긴 털 아래에 양털 모양의 솜털이 빽빽하게 나 추운 기후를 견딜 수 있도록 진화되었고, 보통 100마리까지 무리 생활을 하고, 새로운 곳으로 먹이를 찾아 이동할 때에는 수천 마리가 떼를 지어 이동하면서 적으로부터 자신들을 보호한답니다. 또 여러 갈래로 된 특이한 모양의 큰 뿔은 매년 성장하며 크고 강인해집니다. 이는 순록의 건강 상태와 사회적 지위를 나타내기도 한답니다. 멋진 순록의 이야기를 한번 알아보아요!

카리부와 레인디어

순록을 일컫는 말로 카리부와 레인디어라는 두 개의 이름이 쓰이는데, '카리부'는 주로 북아메리카에 사는 순록을, '레인디어'는 유라시아 북쪽에 사는 순록을 구분해 부르는 이름입니다. 이들은 서로 매우 유사한 생태학적 특징과 행동을 보이고 있지만 지리적 분포 면에서는 차이가 있습니다. 일반적으로 레인디어는 약간 더 크고 무거우며, 뿔은 넓고 각진 형태를 보입니다. 카리부는 더 작고 가벼우며, 뿔은 좀 더 가늘고 여러 개의 가지로 나뉘어 있습니다. 개별 개체에 따라 차이가 있을 수 있고, 종 내에서도 변이가 있을 수 있으나 일반적으로는 카리부와 레인디어가 이런 형태적 차이점을 보인답니다.

계절마다 변하는 순록의 눈

포유류의 눈 안에는 휘막이라는 부분이 있어서 밤에 빛을 받으면 색이 빛나는데, 이 휘막의 구성이 달라지면서 순록의 눈 색이 계절에 따라 변한다는 사실 알고 계셨나요? 극지방의 겨울은 여름 대낮보다 적어도 10만 배는 더 어둡습니다. 순록의 휘막은 액체 속에 떠 있는 콜라겐의 작은 섬유로 만들어져 변화하는 반사 결정을 형성하는데 여름이 되면 눈의 콜라겐 섬유는 액체 속에서 느슨하게 떠다니며 붉은빛을 가장 잘 반사하는 결정 거울을 만들어 노란빛이 나고, 겨울에는 콜라겐 섬유가 훨씬 더 촘촘하게 포장되어 결정 모양이 바뀌고 주변 자외선에 얼룩이 지면서 주로 푸른빛을 반사하게 된다고 합니다.

순록과 낙뢰 그리고 순환

2016년 8월, 노르웨이 고원에서 순록 떼가 대규모로 목숨을 잃은 일이 있었습니다. 해당 지역에서 폭우를 피해 이동 중이던 순록 323마리가 동시에 벼락에 맞고 떼죽음을 당한 것입니다. 이 지역에 서식 중이던 약 2000마리의 순록 중 6분의 1에 해당하는 규모였지요. 전문가들은 이 사건의 원인을 '보폭 전압'이라는 현상이라고 꼽았습니다. 이는 번개가 땅에 떨어져 다리 사이의 전압 차이를 통해 몸 안으로 전류가 흐르게 되는 것인데, 다리 사이 간격이 넓은 네발 동물인 순록들은 상대적으로 보폭 전압의 위험에 노출될 가능성이 높다고 전문가들은 주장하고 있습니다.

이 사건 이후, 노르웨이 국립공원은 노르웨이 동물생태학회의 자문을 받아 순록 사체를 방치하기로 결정했습니다. 이 결정은 사체로 인한 문제가 발생할 수 있다는 우려로 많은 반발을 불러일으켰지만, 2020년에 놀라운 결과를 가져왔습니다. 순록 사체 주위에서는 다양한 곤충들이 번성하였고, 이를 통해 식물들의 성장이 촉진되어 생태계에 긍정적인 영향을 미쳤고, 식물 군집도 번성하여 새로운 식물 종이 발견되기도 했습니다. 또한 순록의 사체는 까마귀, 독수리, 여우 등 야생 동물들에게 먹잇감이 되었습니다. 이들이 사체를 먹음으로써 설치류 등의 과도한 접근을 방지하여 설치류가 급증할 것이라는 우려 역시 잠재우게 됐답니다.

대서양퍼핀

영　명 Atlantic Puffin
학　명 *Fratercula arctica*
분　류 도요목 바다오릿과(조류)
분　포 그린란드 스발바르를 포함한 북부 대서양 일대
서식지 바위가 많은 해안 절벽

화려한 부리를 가진 바다 앵무새, 대서양퍼핀

남극에 펭귄이 있다면 북반구에는 펭귄을 닮은 대서양퍼핀이 있습니다. 마치 검은 옷을 입은 삐에로 같은 얼굴을 하고 있어 왠지 슬퍼 보이는 대서양퍼핀의 60%는 아이슬란드에서 서식 중입니다. 화려한 부리를 가졌다고 '바다 앵무새'라고 불리지만, 그보다는 펭귄을 더 닮은 바다오릿과의 한 종입니다. 뒤뚱거리며 걷는 모습이 우스꽝스럽다고 '바다의 광대'라는 별명도 있답니다. 대서양퍼핀은 북유럽 해안, 페로 제도, 아이슬란드 및 북아메리카 북동부, 북극권 내에서 남쪽으로는 서부 메인주와 동부 프랑스까지 넓은 지역에 분포하여 번식합니다. 겨울철은 먼 바다에서 나는데, 유럽에서는 남쪽으로는 지중해까지, 북아메리카에서 남쪽으로는 노스캐롤라이나까지 멀리 떨어져 있습니다. 많은 별명을 가진 대서양퍼핀은 어떤 이야기를 가지고 있을까요?

대서양퍼핀의 이름과 특징

땅에서 머리를 숙이고 천천히 걷는 퍼핀의 검은색 몸과 엄숙한 움직임을 보고 아일랜드에서 대서양퍼핀은 수도승이 환생한 것이라 믿기도 한답니다. 속명인 *Fratercula*가 작은 형제, 작은 수도승이라는 의미를 가지는 것이 이런 이유 때문이지요. 쨍한 색의 부리와 눈 주위의 선들 때문에 바다 앵무새, 바다의 광대라고도 불리는데, 신기하게도 퍼핀의 부리를 UV 랜턴으로 비추면 부리의 하얀 부분이 투과된다고 합니다.

대서양퍼핀은 여름에 번식할 때 포식자의 위협으로부터 새끼들을 보호하기 위해 218m 높이의 해안을 따라 서 있는 바위 절벽에 서식하는데, 무리 지어 하나의 군체를 형성해 생활한답니다. 사회성이 좋은 퍼핀은 빌링이라는 구애 행동을 하는데, 부리를 서로 비벼 서로의 관심을 표현하는 것이랍니다.

대서양퍼핀의 수중 생활과 심각한 위협

대서양퍼핀의 주황색 발은 물속에서 방향키 역할을 톡톡히 해내며, 퍼핀의 깃털은 방수가 되어 수영하는 데 제격입니다. 낮에는 먹이 활동을 하다가 밤에는 물에 앉아서 잠을 자거나 휴식을 취하는 것이 일상입니다. 주로 청어, 까나리, 빙어 등을 먹이로 하는 대서양퍼핀은 겨우내 바다에서 많은 시간을 보내는데, 입천장에 튀어나온 돌기 덕에 한 번에 10~12마리의 물고기를 옮길 수 있다고 합니다. 대서양퍼핀의 먹이들이 주로 낮은 온도에서 서식하는 종들이기 때문에 수온의 상승은 이런 퍼핀들의 먹이 활동을 더 어렵게 만듭니다.

학계에서는 지금처럼 온난화가 지속될 경우 2050년까지 영국 대서양퍼핀의 약 89%가 사라질 것이라고 예측하기도 했다니 심각한 상황이지요?

영국 생태환경 및 수문학센터(UKCEK)에서 2021년 스코틀랜드 대서양퍼핀 떼죽음에 대해 조사했는데, 수온의 증가로 인한 해양 먹이 그물의 붕괴, 독성 조류(algae)의 이상 증식 등으로 3주간 약 100마리 이상의 대서양퍼핀이 목숨을 잃었던 것이라고 합니다.

퍼핀과 펭귄의 차이점은?

퍼핀과 펭귄은 겉으로 보기에는 정말 닮은 친구들입니다. 하지만 큰 차이점들이 몇 가지 있는데 우선은 서식지가 다릅니다. 퍼핀은 북반구에, 펭귄은 주로 남반구에 서식합니다. 보통 평균적인 크기로 보았을 때 퍼핀이 펭귄보다 훨씬 작고 몸무게가 가볍습니다. 해외에서는 퍼핀 한 마리의 무게를 뚱뚱한 콜라 한 캔(약355ml 용량)과 비슷한 무게라고 생각한답니다. 반면 펭귄은 종도 다양하고, 키도 더 큽니다. 가장 작은 쇠푸른펭귄이 퍼핀과 크기가 비슷하지만 황제펭귄의 경우에는 120cm까지도 자란다고 합니다. 또 펭귄은 날 수 없지만 퍼핀은 빠르게 날 수 있는 것 또한 분명한 차이점입니다. 퍼핀은 분당 400번의 날갯짓으로 대서양을 가로질러 유럽과 아메리카 대륙, 그린란드 등으로 이동하는 이주성 조류입니다.

흰올빼미

영 명 Snowy Owl
학 명 *Bubo scandiacus*
분 류 올빼미목 올빼밋과(조류)
분 포 북극권(알래스카, 캐나다 등)
서식지 풀과 나무가 자라지 않는 황무지나 툰드라의 구릉

해그위드로 전 세계인의 사랑을 받았던 흰올빼미

〈해리포터〉 시리즈의 반려동물 해그위드로 많은 사랑을 받았던 흰올빼미는 툰드라 지역에서 서식하는 맹금류입니다. 흰올빼미는 1758년 스웨덴의 식물학자이자 박물학자인 린네*에 의해 처음으로 분류되었습니다. '스칸디아카'라는 이름은 스칸디나비아를 가리키는 라틴어 단어로, 이 흰올빼미가 유럽 북부에서 처음 관찰되었기 때문에 붙여진 이름입니다. 신비롭고 아름답기까지 한 흰올빼미에 대해 더 상세하게 알아봅시다.

---

*칼 폰 린네(1707~1778) : 스웨덴어로 칼 폰 린네(Carl von Linné) 또는 라틴어로 카롤루스 린나이우스(Carolus Linnæus)라고 불리는 스웨덴의 박물학자이자 식물학자이다. 저서 『자연의 체계』에서 생물의 학명을 속명과 종명으로 나타내는 이명법(二名法), 즉 생물의 이름을 나타낼 때 속의 이름 다음에 종의 이름을 써서 한 종을 나타내는 방법을 창안해 현대 생물 분류학의 기초를 확립한 인물이다.

흰올빼미는 어디에서 살아갈까?

북극 올빼미, 유령 올빼미, 하이랜드 툰드라 올빼미 등으로 알려진 흰올빼미는 주로 극지방에 서식하며, 설치류와 조류를 주요 먹잇감으로 삼아 살아갑니다. 그들은 극지방의 추운 환경과 눈으로 뒤덮인 지역에서 생존하기 위해 특화된 특성을 갖추고 있습니다. 특히 북극 지역에서 많이 발견되는 흰올빼미의 흰색 깃털은 얼음과 눈 사이에서 눈에 띄지 않게 해 은신과 사냥에 도움을 줍니다. 현재 유럽에서는 흰올빼미의 출몰 빈도가 높지 않습니다. 흰올빼미의 이동은 쥣과 동물인 레밍 개체군의 변화와 아주 깊은 연관성을 가지고 있는데, 흰올빼미의 주요 먹이인 레밍이 많은 곳에서는 흰올빼미가 더 자주 관찰되며, 반대로 레밍이 보이지 않으면 흰올빼미가 몇 해 동안 나타나지 않을 수도 있습니다. 상대적으로 북아메리카의 북부 지역에서는 흰올빼미가 자주 관찰되는 반면, 유럽에서는 거의 발견되지 않고 있습니다. 그 이유는 주로 서식지의 파괴, 생태계 변화, 사람과의 충돌 등으로 인해 생태학적인 압력을 받고 있기 때문입니다.

올빼미가 토해 내는 펠릿에 숨겨진 비밀들!

올빼미류는 먹이를 통째로 삼키는 특성을 갖고 있습니다. 뾰족하고 딱딱한 뼈, 껍질, 발톱, 치아, 깃털 등을 골라내는 것은 어려운 일이니까요. 그렇기에 올빼미들은 하루에 한두 번의 식사를 한 후, 약 6시간에서 10시간 뒤에 펠릿(알갱이 형태의 배설물)을 생성하여 내뿜듯 토해 냅니다. 펠릿은 올빼미가 소화 가능한 물질을 모두 소화시킨 후 내장을 비운 다음, 모래주머니의 근육을 이용하여 소화가 어려운 뼈, 껍질, 발톱, 치아, 깃털, 모피, 큰 씨앗, 단단한 견과류, 풀 등의 덩어리를 압축하여 짜내고 조밀한 알갱이 형태로 만든 것입니다. 이렇게 형성된 펠릿들은 올빼미가 토해 내게 되는데, 이러한 행동으로 인해 올빼미가 소화 과정에서 소모한 영양소를 최대한 활용하고, 소화물의 잔여물을 체외로 배출하여 체내의 상태를 깨끗하게 유지할 수 있게 되는 것이지요. 또한 이 펠릿은 연구자들에게 꽤 귀한 연구 자료인데, 올빼미의 생태적인 흔적을 관찰하고 연구함으로써 올빼미의 식습관과 서식지를 파악할 수 있게 한답니다.

더 이상 효율적이지 못한 흰올빼미의 위장색?

지구 온난화로 인해 극지방의 얼음이 녹아 가면서 극지의 툰드라 지대에서는 하얀 눈이 점차적으로 감소하고 있는 상황입니다. 이러한 변화는 다양한 생물종들에게 영향을 미치는데, 흰올빼미도 영향을 받고 있습니다. 흰올빼미는 오랜 기간 눈과 얼음으로 뒤덮인 추운 환경에 적응하기 위해 흰색 깃털을 가지고 있었습니다. 이 흰색은 눈과 얼음 사이에 감쪽같이 몸을 숨기고 있다가 사냥하는 데 큰 도움이 됐지요. 그러나 얼음과 눈이 녹아 가면서 흰올빼미의 하얀 깃털은 더 이상 효과적인 은신 수단이 되지 못합니다. 이전과 달라진 환경 탓에 흰올빼미들은 뚜렷한 흰색 깃털이 도드라져 먹잇감들의 눈에 잘 띄게 됐고, 사냥 성공률은 감소할 수밖에 없게 됐습니다. 흰올빼미뿐 아니라 많은 극지의 생물들은 대부분 흰올빼미와 같은 비슷한 어려움을 겪고 있답니다.

검독수리

영 명 Golden Eagle
학 명 *Aquila chrysaetos*
분 류 매목 수릿과(조류)
분 포 유라시아 대륙, 북아메리카
서식지 바위 절벽, 산림, 초원 및 평야 지역 등

최고의 사냥꾼, 검독수리

검독수리 역시 린네가 그의 저서인 『자연의 체계』에서 처음으로 분류한 종으로, 유럽은 물론 아시아와 북아메리카에서도 볼 수 있는 매목 수릿과에서 가장 큰 조류입니다. 우리나라에서는 천연기념물로 지정된 귀한 새입니다. 검독수리는 몸길이가 80~90cm, 날개를 펼쳤을 때의 길이가 약 2m에 달하는 대형 포식자로서 주로 산악 지대, 절벽, 수역, 개방된 평원 등 다양한 환경에서 서식합니다. 검독수리는 높은 곳에서 뛰어난 시력으로 지켜보다가 강력한 날갯짓을 활용하여 순식간에 사냥하는 능력을 갖고 있습니다. 최대 시속 240km로 비행할 수 있다니 주요 먹잇감인 토끼, 다람쥐, 청설모, 거북, 뱀 등이 눈에 띈다면 놓칠 리가 없겠지요? 한때는 북반구 전역에 널리 퍼져 분포했던 검독수리들이 어쩌다 멸종 위기에 놓이고, 천연기념물로 지정되기까지 했는지 조금 더 살펴봅시다.

검독수리, 이름의 유래는?

검독수리는 영어로 'Golden Eagle'이라는 이름을 갖고 있는데, 이름에서 보여지는 것처럼 햇빛에 반사되는 갈색 깃털이 황금빛으로 빛나는 모습을 가지고 있습니다. 우리나라에서는 '검독수리'라고 불리는데, 이 이름의 어원에는 두 가지 설이 있습니다. 첫 번째는 사투리의 영향으로 발음이 '금'에서 '검'으로 바뀌었다는 가설입니다. 이에 따르면 금독수리라는 이름이 먼저 사용되었으나 시간이 지나 사투리에 의해 발음이 변형되어 현재의 검독수리로 알려지게 되었다는 내용입니다. 두 번째는 검은색의 몸을 가진 검둥수리가 시간이 지나 검독수리가 되었다는 것입니다. 검독수리의 이름은 혼란을 야기할 수도 있을 것 같은데, 전문가들은 독수리보다는 수리라고 불리는 게 맞다고 이야기합니다. 사체를 주로 먹는 독수리에 비해 검독수리는 주로 직접 사냥을 하기 때문에 참수리, 흰꼬리수리처럼 '수리'라는 이름을 붙이는 것이 더 어울린다는 이야기랍니다.

검독수리의 특별한 비행

그리스 지역의 검독수리들은 거북을 먹잇감으로 선호해 90% 이상이 거북을 먹을 정도랍니다. 검독수리는 특이한 사냥 방식을 사용하는데, 낚아챈 거북이를 하늘 높이 데리고 올라가 하늘에서 떨어뜨려 등껍데기를 깬 후 먹는다고 합니다. 검독수리가 거북을 낚아채면 약 20m 높이로 솟아오르는데, 이때가 거북에게는 평생 처음이자 마지막 비행이 되는 셈입니다. 이 비행은 상공으로 오르다가 바위나 돌이 많은 지역에서 거북을 떨어뜨리는 것으로 마무리됩니다. 이러한 비행은 검독수리의 특별한 행동 중 하나로 거북뿐 아니라 돌산양, 토끼, 사슴 등의 동물들도 먹이로 잡히면 보통은 이런 비행과 공중 낙하를 경험하게 된다고 합니다.

세상에서 국가 동물로 가장 많이 지정된 검독수리

검독수리를 국가 동물로 지정한 나라는 알바니아, 독일, 오스트리아, 멕시코, 카자흐스탄 등 10개국에 이릅니다. 세상에서 국가 동물로 가장 많이 지정된 동물이 바로 검독수리라고 합니다. 검독수리는 매우 넓은 서식 분포를 가지고 있으며 서유럽부터 일본까지 유라시아 대륙과 북아메리카까지 서식합니다. 현재 유럽을 중심으로 보았을 때 알프스, 스페인, 스칸디나비아 및 스코틀랜드에 있습니다. 지금은 많은 보전 노력으로 유럽에서는 개체 수가 안정적인 상태를 유지하고 있지만, 우리나라에는 매우 드물게 나타나는 맹금류로 현재 멸종 위기 야생 생물 I급, 천연기념물로 지정돼 보호받고 있기도 합니다. 1950~1960년대에 유럽 전역에서는 검독수리들이 DDT와 같은 살충제로 인해 광범위한 문제를 겪기도 했는데, 이러한 살충제는 검독수리의 불임과 알껍질의 얇아짐을 유발하여 생식력에 심각한 영향을 미쳤습니다. 다행히 DDT와 같은 유기 염소 살충제는 그 이후 사용이 금지되었고, 1960년대 이후 검독수리의 개체 수는 몇몇 지역에서 서서히 회복되기 시작했습니다.

유럽비버

영 명 Eurasian Beaver
학 명 *Castor fiber*
분 류 설치목 비버과(포유류)
분 포 독일, 폴란드, 프랑스, 노르웨이, 러시아, 몽골 등에 분포
서식지 강, 호수 습지 및 산림 지대

수중 생활에 적응해 댐을 만드는 바다삵, 비버 이야기

비버는 독일, 폴란드, 프랑스, 노르웨이, 러시아 등에 분포하는 유럽비버(유라시아비버), 캐나다와 미국 북부에 분포하는 아메리카비버 2종이 존재하지만, 학자에 따라 동일 종으로 규정할 정도로 형태와 생태가 비슷하답니다. 바다삵이라고도 불리는 비버가 수중 생활에 적응해 댐을 만드는 것은 널리 알려진 사실입니다.

유럽비버는 사시나무, 버드나무, 주목과 같은 나무 줄기를 갉아 먹는 데 사용하는 두드러지고 강한 앞니로 유명합니다. 나무를 갉아 쓰러뜨리고 나뭇가지들을 모아 집을 짓고 댐을 만듭니다. 세계에서 두 번째로 큰 설치류이면서 생태계의 시스템을 조절하는 하천 생태계의 핵심종이 바로 비버입니다. 유럽비버는 아메리카비버와 비교하면 덩치가 조금 더 크고 강한 앞니를 가졌습니다. 비버가 어떤 능력을 가졌는지, 비버를 보호하기 위한 어떤 노력들이 있는지 조금 더 알아봅시다.

비버의 서식처, 롯지

비버가 사는 서식처는 '롯지(lodge)'라는 이름으로 불립니다. 비버는 롯지를 만들기 위해서 나뭇가지, 진흙 등의 재료를 사용합니다. 먼저 강이나 호수의 바닥에 나뭇가지를 집어넣어 고정시키기를 반복하면서 롯지의 뼈대를 만든 다음 나뭇가지를 교차하여 견고한 구조물을 만들어 벽을 형성하고, 이를 진흙이나 직물로 덮어서 보강합니다. 이를 둥글게 반복하면 돔의 형태가 되는데, 이런 비버의 서식처인 롯지는 보통 물 위에서 일부분이 떠 있는 형태로 건설됩니다. 이는 비버가 안전하게 들어가고 나올 수 있도록 해 주며, 동시에 외부의 포식자로부터 보호받기 위한 구조랍니다. 롯지의 입구는 물 아래로 연결되어 있어서 적의 침입을 막기에 유리하니 자신과 새끼들을 보호하기에 안성맞춤인 구조물인 셈이지요.

비버는 최고의 건축공학자이자 하천 생태계의 수호자

비버는 서식처인 롯지를 멋지게 만들어 내 '최고의 건축공학자'라고 불립니다. 비버가 댐을 만들면 해당 생태계에 큰 변화를 일으키는데, 비버의 댐으로 인해 해당 지역에는 폐쇄된 수생 생태계가 만들어집니다. 이 거대한 웅덩이는 양서류, 수생 무척추동물, 물밭쥐에게도 훌륭한 서식지가 되어 주고, 또 농지에서 하천으로 스며드는 오염 물질을 정화하는 천연 필터 역할을 해 궁극적으로 수질을 개선합니다. 비버가 나무를 갉아서 쓰러트리면 숲에는 틈이 생겨 삼림의 바닥까지 햇빛이 닿을 수 있게 되고, 야생화들이 자랄 수 있게 됩니다. 수위를 높여서 죽어 버린 나무들은 딱정벌레, 딱따구리, 버섯들이 살 곳이 되어 줍니다. 갇힌 물로 내부에 서식하는 개체 수가 늘어나면 포식자들 역시 증가하게 됩니다. 비버는 최고의 건축공학자이자 생태계의 수호자인 셈이지요.

유럽비버와 아메리카비버

전 세계에 존재하는 비버는 크게 유럽비버(유라시아비버)와 아메리카비버로 나눌 수 있는데, 앞서 말한 것처럼 동일 종으로 규정하기도 할 정도로 비슷하지만 자세히 살펴보면 몇 가지 차이점이 있답니다. 유럽비버는 몸길이가 75~90cm, 몸무게가 최대 38kg인 반면 아메리카비버의 몸길이는 70~90cm이며, 몸무게는 16~30kg 정도로 유럽비버가 아메리카비버에 비해 더 크고 무겁습니다. 콧구멍의 모양도 차이가 있는데, 유럽비버는 삼각형, 아메리카 비버는 정사각형 모양을 하고 있답니다.

스코틀랜드에 다시 돌아온 비버

유럽비버는 한때 영국과 유럽 대륙에 널리 분포했지만 모피와 캐스토리움(해리향)이라고 불리는 사향 향이 나는 분비물 때문에 많은 사냥을 당했습니다. 그 결과 16세기에 영국에서 멸종되었고, 1900년에 유라시아 전역을 조사한 결과 전 세계의 개체 수는 1200마리에 불과했습니다. 이에 심각성을 느낀 스코틀랜드 야생동물신탁은 유럽비버를 복원하기 위한 프로젝트를 시작했고, 2009년 스코틀랜드에 유럽비버를 첫 방사한 것을 시작으로 프랑스 일부, 독일 남부 및 오스트리아 등지에 성공적인 방사가 이루어졌고, 개체 수의 꾸준한 증가로 인해 2016년 11월 스코틀랜드에서는 유럽비버를 다시 토착종으로 공식 인정했습니다. 이 복원 노력은 약 400년 동안 스코틀랜드에서 사라졌던 비버가 다시 돌아온 의미 있는 사례로 기억되고 있답니다.

유럽오소리

- **영 명** Eurasian Badger
- **학 명** *Meles meles*
- **분 류** 식육목 족제빗과(포유류)
- **분 포** 스칸디나비아, 영국 및 유럽 전역
- **서식지** 산림과 녹지가 있는 도시

너구리로 오해를 받기도 하는 오소리 이야기

오소리는 종종 너구리로 오해를 받기도 하지만 너구리는 갯과, 오소리는 족제빗과이니 달라도 많이 다른데요. 너구리는 개와 비슷하게 위를 향해 솟아 있는 귀와 개를 닮은 주둥이를 가지고 있습니다. 반면 오소리의 주둥이는 좀 더 뾰족한 모양이고, 귀는 아래로 처져 있습니다. 또 너구리는 개와 비슷하게 다리와 발볼이 가늘고 얇지만, 오소리는 다리가 매우 굵고 짧으며 발볼도 넓은 형태입니다. 멀리서 걷는 모습으로도 구분이 되는데 너구리는 머리가 등보다 높이 위치해 있고, 오소리는 머리의 위치가 낮아서 머리에서 꼬리까지 둥그런 아치형을 이룬답니다. 너구리의 몸무게는 4~10kg인 반면 오소리는 10~16kg 정도로 약 2배 정도 차이가 납니다.

우리가 좀 더 살펴볼 유럽오소리는 얼굴에 흑백의 줄무늬가 있는 친구입니다. 어두운 환경에 적응한 뛰어난 후각과 청각의 소유자, 유럽오소리의 이야기를 한번 들어 볼까요?

오소리가 뛰어난 후각과 청각을 가지게 된 이유는?

오소리는 굴속에서 살아가는 동물입니다. 오소리의 굴은 넓고 복잡한 구조로 되어 있으며, 가끔 여우나 토끼가 파 놓은 굴을 이용하기도 합니다. 오소리의 굴은 '세트'라고 부르는데, 세트 내부에는 여러 개의 방이 있고 각 방은 다양한 목적으로 사용됩니다. 휴식을 취하기 위한 공간, 번식 및 육아를 위한 공간 등으로 구분해 사용합니다. 오소리는 주변에 화장실 구덩이를 가지고 있는데, 그 근처에서는 특히 강한 냄새와 흔적을 발견할 수 있습니다.

오소리가 주로 어두운 굴에서 생활을 하다 보니 굴속에서 주로 생활하는 두더지 등과 마찬가지로 시력이 좋지 못합니다. 반면 후각은 사람보다 800배가 예민합니다. 청각 또한 매우 좋다고 해요. 시력이 좋지 못한 오소리는 낮 동안은 굴속에서 지내며 자신을 보호하고, 주로 어둠이 찾아온 후에 먹이를 찾기 위해 활동을 시작합니다. 이러한 어두운 환경에서도 뛰어난 후각과 청각이 있기에 생존할 수가 있게 된 것이지요.

오소리가 겪는 위협들은?

오소리는 보통 지렁이가 주된 먹이로 전체 먹는 양의 약 80%를 차지하는데, 하루에 수백 마리의 지렁이를 섭취할 수 있습니다. 오소리는 고단백, 고에너지원인 지렁이 외에도 큰 곤충이나 쥐를 잡아먹고 곡물을 먹기도 합니다. 때로는 오소리가 꿀을 먹기 위해 벌통을 건드리기도 하고, 감자나 작물의 뿌리를 아주 좋아해서 농작물에 상당한 피해를 입히기도 합니다. 그 결과 농민들은 자산을 지키기 위해 오소리들을 포획하기 위한 덫을 놓기도 했습니다. 게다가 도로의 개발과 서식지 파편화로 인해 오소리들은 자연 서식지와 분리되고 교통사고로 인한 로드킬 위험에 노출되어 있습니다. 다른 야생 동물들과 마찬가지로 도로를 가로지르는 오소리들의 안전을 위한 대책이 필요합니다. 또한 인수 공통 감염병 역시 오소리의 생존을 위협하는 중요한 요인 중 하나입니다. 특히 유럽오소리 개체군에서는 광견병으로 인한 감염과 사망 사례가 한동안 매우 심각한 상황이었답니다.

또 매해 1000마리 이상, 최대 5000마리 이상의 유럽오소리들이 결핵으로 인해 '죽임을 당한다'는 보고가 있습니다. 직접적으로 결핵에 걸려서 사망한 것이 아니라 소에게 결핵을 옮긴다는 이유로 죽임을 당한 것이지요. 이는 지렁이를 먹고 사는 유럽오소리가 소가 사는 곳에 종종 출몰하며 소 결핵 바이러스의 전파자 역할을 하기 때문이었습니다. 한동안 아일랜드 정부에서는 소를 살리기 위해 막대한 자금을 투자하여 유럽오소리를 포획했습니다. 나중에는 유럽오소리들의 개체 수가 너무 줄어들기 시작하자 심각성을 느끼고 2018년 소 결핵에 대응하는 백신 보급 프로젝트가 진행되기도 했습니다. 백신의 개발은 가축의 결핵 전염 위험을 줄이는 것을 목표로 하는 동시에 오소리를 더 이상 죽이지 않는 등 더 많은 생물들의 죽음을 막기 위해 실시되었던 것이랍니다.

알파인아이벡스

영 명 Alpine Ibex
학 명 *Capra ibex*
분 류 소목 솟과(포유류)
분 포 이탈리아, 프랑스, 독일 남부, 스위스, 오스트리아
서식지 초원과 바위가 많은 암반 지대

개체 수가 서서히 줄어들고 있는 알파인아이벡스

알파인아이벡스는 알프스 산맥의 스노우라인이라고 불리는 눈이 많이 쌓이는 지역에서 주로 서식합니다. 이들은 풀을 먹기 위해 초원으로 이동하며, 동시에 바위 절벽과 협곡을 오가며 경사진 지형에서도 움직일 수 있습니다. 튼튼한 체격과 강력한 다리를 가지고 있어서 어려운 환경에서도 잘 적응할 수 있습니다. 또한 수컷 아이벡스의 뿔은 다른 수컷들과의 경쟁에서 우위를 점하기 위해 힘을 발휘할 때 사용됩니다. 영역을 지키기 위해서도 사용되고요.

아직 심각한 멸종 위기 동물이라고 말하긴 어렵지만, 개체 수가 서서히 줄어들고 있어 좀 더 세심한 관리와 보호가 필요한 알파인아이벡스에 대해 살펴볼까요?

알파인아이벡스의 서식지

알프스산맥의 높은 지역에서 발견되는 알파인아이벡스는 프랑스, 독일, 스위스, 불가리아, 슬로베니아, 오스트리아 등에 걸쳐 분포합니다. 이들은 스노우라인이라고도 불리는 눈이 쌓이는 지역에서 주로 서식하는데, 일반적으로 해발 2000~3000m 정도의 고도에서 발견됩니다. 생존과 번식을 위해 이렇게 높은 고도에 적응한 알파인아이벡스는 초원 지대로 내려와 풀을 먹는 행동을 보이기도 하지만, 주로 바위 절벽과 협곡이 있는 지역을 따라 이동하며 활동합니다. 이들은 뛰어난 등산 능력과 균형감을 가지고 있어 절벽과 같이 험준하고 경사가 가파른 지형에서도 손쉽게 이동할 수 있습니다. 또한 이러한 환경에서 천적을 피하고 휴식을 취하기 위해 바위의 돌출 부분이나 돌 더미 등 안전한 장소를 선호합니다.

알파인아이벡스의 강력한 뿔

알파인아이벡스의 뿔은 성별에 따라 크기와 형태가 다릅니다. 암컷의 뿔은 일반적으로 최대 30cm 정도의 작은 크기를 가지며, 수컷의 뿔은 더 크게 자라서 최대 1.5m까지 이릅니다.

수컷의 뿔은 특히 다른 수컷들과의 경쟁과 영역 침범에 대한 경고를 전하는 데 사용됩니다. 수컷 아이벡스들은 번식권을 지키기 위해 뿔을 사용하여 다른 수컷들과의 경쟁을 벌입니다. 수컷들은 서로의 위계를 정하기 위해 뿔을 맞대고 단호하게 맞서 싸웁니다. 이러한 경쟁에서 뿔은 상대에게 경고 신호를 보내는 중요한 수단이 됩니다. 경쟁을 통해 우열을 가리고 번식권을 확보함으로써 암컷과의 교배 기회를 얻는 것이지요. 또 자신을 방어하거나 접근하는 적을 위협하기 위한 용도로도 사용됩니다. 수컷 알파인아이벡스는 자신을 위협하는 동물이나 포식자와의 전투에서 뿔을 사용하여 자신을 방어하고, 상대를 위협하여 공격을 방지하기도 합니다.

이러한 뿔의 구조와 기능은 아이벡스의 생존과 번식 전략에서 매우 중요한 역할을 담당하지요.

알파인아이벡스는 왜 댐의 벽을 핥는 것일까?

종종 해외에서 알파인아이벡스들이 비탈진 댐 벽면에 서서 콘크리트 벽을 핥고 있는 모습이 보도되곤 합니다. 떨어지지는 않을까 걱정도 되는데, 이 친구들은 왜 이런 위험한 행동을 하는 것일까요? 대부분 고산 지대에 서식하는 아이벡스와 같은 친구들은 초원에서의 풀만으로는 섭취가 부족한 무기 염류를 얻기 위해 소금기가 가득한 바위를 찾기도 합니다. 이런 소금과 미네랄이 부족하면 뼈가 자라지 않고 신경계, 근육 및 생식 과정이 제대로 기능하지 않거든요. 하지만 이런 바위가 부족할 때는 댐의 콘크리트 벽을 핥기도 한답니다. 댐을 지을 때는 콘트리트를 쓰는데, 콘크리트가 딱딱해지면서 에트린자이트라는 물질이 만들어집니다. 이 안에는 칼슘과 알루미늄 등의 무기 염류가 섞여 있기에 아이벡스들은 댐의 콘트리트 벽을 핥으며 미네랄을 섭취하는 것이랍니다. 알파인아이벡스의 발굽 아랫부분은 오목해서 절벽의 튀어나온 부분을 의지해 몸을 지탱하기에 안성맞춤이라 우리가 보기엔 위험해 보이지만, 균형을 잘 잡고 있다고 합니다.

유럽불곰

영 명 Brown Bear
학 명 *Ursus arctos*
분 류 식육목 곰과(포유류)
분 포 카르파티아산맥, 스페인 북부, 알프스 및 이베리아반도
서식지 활엽수림이 우거진 산림 지대

세계에서 가장 넓은 지역에 분포하는 불곰 이야기

유럽불곰은 현재 1만 3000마리 정도 남아 있으며, 루마니아 카르파티아 지역에는 약 6000마리가 살고 있습니다. 보통 약 300kg 정도까지 자라지만, 기록상 제일 큰 유럽불곰의 무게는 무려 480kg이나 나갔다고 합니다. 불곰은 세계에서 가장 널리 분포하는 곰의 종입니다. 북극 툰드라부터 북반구의 산지까지 분포하는데 서식하는 위도에 따라 식성도 차이가 난답니다. 고위도 지역에 서식하는 불곰은 주로 툰드라 등 한대 지역의 척추동물들을 주요 먹이로 삼고, 유럽 중부와 서남부 지역에서 사는 불곰은 주로 열매, 무척추동물 등을 먹는 것을 좋아한다고 해요. 불곰은 동물의 사체까지도 먹을 수 있는 잡식성 동물입니다. 세계에서 가장 넓은 지역에 분포하는 불곰, 그중에서도 유럽 지역에 서식 중인 유럽불곰 이야기를 좀 더 해 볼까요?

불곰도 겨울잠을 자나요?

불곰의 경우 겨울잠보다는 둔화상태에 들어간다고 생각하면 좋을 것 같습니다. 흔히 겨울잠이라고 하면 겨울철 먹이 자원이 부족한 상황에서 진입하는 장기적인 비활동 상태를 말합니다. 겨울잠쥐, 개구리, 도마뱀, 무당벌레 등은 체온과 심박수가 급격하게 낮아지고 깊은 수면 상태에 빠지게 되지요. 하지만 곰과 같은 동물의 경우 차가운 날씨, 식량 부족 또는 기타 스트레스 상황에 대응하여 단기적인 활동 및 신진대사 저하 상태에 진입하는데 이를 둔화상태라고 말합니다. 유럽불곰은 겨울잠을 자면서 체온이 33도까지 떨어질 수 있는데, 이는 체온이 거의 한 자릿수까지 떨어지는 다른 겨울잠 동물들과 비교하면 상대적으로 체온 저하가 적은 편이지요. 둔화상태일 때 체온이 적게 떨어지는 유럽불곰의 뇌는 사실상 우리가 잠자는 것과 비슷한 상태라고 해요. 새끼들을 돌보거나 서식처를 보수하고, 불편한 자리를 고쳐 앉는 등 불곰이 둔화상태에 들어가면 많이 뒤척인다고 합니다. 겨울에 얼마나 둔화가 되는지는 불곰 개체마다 다르다고 합니다. 한편 동물원의 불곰이나 민가 근처에서 서식하는 불곰들은 이처럼 둔화되는 시기가 거의 없는데, 그 이유는 먹이 구하기가 어렵지 않기 때문이라고 해요.

서식지 파편화와 인간과의 충돌

유럽불곰의 서식지 파편화는 이들이 마주하는 주요 위협 중 하나입니다. 중부 유럽 지역에서의 도시 개발, 고속 도로 건설, 차선 확장 등은 점점 유럽불곰의 서식지를 좁아지게 하고 분리되게 합니다. 이렇게 좁아지고 분리된 서식지는 생물들에게 점점 더 큰 위협을 가하는데, 이를 가장자리 효과라고 합니다. 파편화된 서식지는 해당 지역의 야생 동물 개체군을 감소시키기 때문에 유럽불곰은 충분한 식량 자원을 찾기 어려워 영양실조를 얻게 되고, 번식 성공률 감소로 이어지기도 합니다. 이런 상황에 놓인 유럽불곰은 식량을 찾기 위해 도로를 건너고 농경지, 과수원, 쓰레기통 등을 찾아다니기도 해서 인간과의 충돌이 계속 발생할 수밖에 없습니다. 이런 상황을 막기 위해 유럽불곰의 생존과 보전을 위해 서식지 파편화 문제에 대한 대응이 필요합니다. 생태 통로의 개설, 보호 구역의 지정 등 현재 불곰을 지키기 위한 다양한 조치가 시행되고 있으나 유럽불곰의 장기적인 생존과 유럽의 생물 다양성 보전을 위해 서식지 파편화에 대한 지속적인 관심과 노력이 필요한 상황이랍니다.

겨울잠을 자는 동물들

크게 정온(항온) 동물과 변온 동물의 겨울잠으로 나눠 볼 수 있습니다. 바깥 온도에 관계없이 체온을 항상 일정하고 따뜻하게 유지할 수 있는 정온 동물에는 포유류, 조류 등이 있습니다.

변온 동물은 체온을 조절할 능력이 없어 주변 온도에 따라 체온이 변하는 동물을 말하는데, 무척추동물, 어류, 양서류, 파충류 등이 이에 해당합니다.

동물들의 겨울잠은 에너지를 절약하기 위해, 혹은 얼어 죽지 않기 위해 선택하는 생존 전략과도 같은 것이랍니다. 곰을 제외하고는 대부분이 크기가 작은 동물들이라니, 그들의 겨울잠을 방해하는 행동은 피해야겠습니다.

불도롱뇽

영 명 Common Fire Salamander
학 명 *Salamandra salamandra*
분 류 도롱뇽목 영원과(양서류)
분 포 유럽 중부와 동부, 남부
서식지 낙엽 활엽수림, 그늘진 개울과 작은 강이 있는 침엽수림, 바위 경사면, 울창한 덤불

검은색 몸에 노란 무늬를 가진 불도롱뇽

머리부터 발끝까지 검정색 몸통에 노란색의 점이나 줄무늬를 가진 불도롱뇽은 몸길이가 최대 25~30cm까지 자라며 귀밑샘이 크고 눈에 띄는 도롱뇽입니다. 불도롱뇽은 아종이 많은데, 몸통이 거의 검은색으로만 덮인 아종도 있고, 노란색이 주로 드러나는 아종도 있고, 또 빨간색과 주황색의 색조가 보이는 아종도 있습니다. 꼬리는 원통형이고 몸보다 짧습니다. 노란색 반점이 매력적인 불도롱뇽은 유럽 북부를 제외한 습하고 돌과 이끼가 있는 지역에서 주로 서식해요. 수명은 긴 편으로 독일 자연사박물관에서 50년 이상 생존한 종도 있다고 알려져 있습니다. 과거의 사람들은 이 불도롱뇽이 '불의 정령'이라고 믿었다고 하는데, 불도롱뇽이 품고 있는 이야기들을 더 살펴볼까요?

불도롱뇽의 생활 모습

도롱뇽은 비가 오는 날 은신처를 떠나 먹이 활동을 합니다. 불도롱뇽은 시력이 좋아서 움직임을 빠르게 감지하는 능력이 있어 주로 지렁이, 민달팽이, 곤충류 또는 발이 많은 노래기, 지네 등의 절지동물을 먹어요. 낮에는 이렇게 움직임이 활발한 먹이들을 먹는 한편, 밤에는 뛰어난 후각으로도 먹이를 잡을 수 있답니다. 일부 불도롱뇽이 겨울잠을 자는 것은 보통 분포 지역의 북쪽에서 주로 일어나며, 남부 지역에서는 오히려 무더운 여름 동안에 휴식을 더 많이 취한다고 합니다. 중부 유럽에서는 번식을 봄과 가을 사이에 하는 반면, 남쪽에서는 겨울에만 번식하는데, 이는 기온에 따라 행동이 달라지는 변온 동물이어서 그렇답니다.

불도롱뇽의 색깔과 경고

불도롱뇽은 지역별로 무늬도 다르고 노란색의 분포도 달라서 많은 아종들이 나뉘지는데, 특히 스페인에 서식하는 아종(*S. s. bernardezi*)은 몸 색깔이 검은색보다 노란색을 훨씬 더 많이 갖고 있답니다. 이런 색을 가진 이유는 포식자들에게 경고를 하기 위함인데, 이렇게 자신이 독이 있다는 것을 알리는 생물체의 색을 '경계색'이라고 해요. 경계색을 보여 줬음에도 다가온다면 눈 뒤에 있는 커다란 눈 뒷샘과 몸 아래로 길게 뻗어 있는 독샘으로부터 사만다린이라는 독을 분비하는데, 이 성분은 포식자의 호흡 곤란, 근육 경련, 고혈압을 유발할 수 있답니다. 포식자들을 죽이기는 어렵지만, 포식자가 자신을 삼키려고 할 때 이 독을 분비해 일시적인 영향을 줘 다시 뱉어 내도록 하는 중요한 방어 무기인 셈입니다.

불도롱뇽과 신화 이야기

불도롱뇽은 서유럽의 신화, 전설 속에서 샐러맨더(Salamander)로 종종 묘사됩니다. 신화나 전설 속 샐러맨더는 불 속에 살면서 불을 끌 수 있는 능력을 가지고 있습니다. 도롱뇽은 차가운 피부를 가지고 있어서 내화성이 강하다는 이야기가 전해지며, 불이 도롱뇽의 피를 보호한다는 설화도 있습니다. 예로부터 젖은 나무를 태우기 위해 장작을 넣으면 그 안에 사는 도롱뇽들이 밖으로 나오는 모습을 보고 마치 불 속에서 솟아올라 밖으로 나오는 것처럼 표현되기도 했습니다. 불도롱뇽은 겨울 동안 썩은 통나무 안에서 겨울잠을 자는데, 고대에는 나무가 주요 연료였기 때문에 도롱뇽이 통나무 안에 있다는 사실을 모르고 바로 불에 넣었을 것으로 추측됩니다. 연금술에서 도롱뇽은 변화와 영생의 상징이었습니다. 도롱뇽은 놀라운 재생 능력을 가지고 있다고 믿어집니다. 잿더미에서 스스로를 재생하는 이 힘은 불멸과 부활과 관련이 있을 뿐만 아니라 장애와 역경을 극복하는 상징으로 불리기도 했습니다. 또한 꺼지지 않는 불을 가진 도롱뇽은 과거 그리스 로마 신화에서도 등장하는데, 변형, 부활, 재생의 의미는 물론 치유 능력과 같은 마법의 힘을 가지고 있고 심지어 미래의 사건을 정확하게 예측할 수 있다고 믿었다고 합니다. 이처럼 불도롱뇽은 예로부터 많은 이야기와 상징적인 의미를 지닌 신비로운 동물이랍니다.

소나무산달

- **영 명** Pine Marten
- **학 명** *Martes martes*
- **분 류** 식육목 족제빗과(포유류)
- **분 포** 유럽 북부, 지중해 지역, 코카서스 지역
- **서식지** 타이가(침엽수 삼림 지대)

나의 이름은? 소나무산달

육식을 하는 식육목 족제빗과의 포유류로, 주로 유럽 북부 지역에서 발견되는 담비속에 속하며, 학명 *Martes martes*를 가진 종을 소나무산달, 유럽소나무산달, 유럽소나무담비, 유럽솔담비 등으로 부릅니다.

집에서 키우는 집고양이 정도의 크기로, 몸길이는 최대 50cm 정도에 달합니다. 수컷이 암컷보다 약간 큰 편입니다. 모피는 암갈색을 띠고, 겨울 동안 더 길어지고 부드러워진답니다. 목에 크림색이나 노란색을 띠는 턱받이 형태의 반점 무늬가 있습니다. 유럽소나무산달과는 다른 종인 아메리카소나무산달은 이 턱받이 형태의 반점 무늬가 없는 또렷한 차이가 있답니다.

소나무산달의 사는 모습을 조금 더 살펴봅시다.

소나무산달의 생태

소나무산달은 소나무담비라는 이름으로도 불립니다. 1979년 유럽 야생 동물 및 자연 서식지 보존에 관한 베른 협약의 부록 III에 보호종으로 등재되어 있습니다. 가늘고 길쭉한 몸체와 길고 덤불 같은 꼬리를 가진 소나무산달은 몸길이는 최대 53cm이며, 25cm에 달하는 덥수룩한 꼬리를 가진 고양이만 한 크기의 야생 동물입니다. 윤곽이 옅은 둥근 귀가 두드러지며 털은 밤색에서 짙은 갈색입니다. 소나무산달은 목부터 가슴까지 뻗어 있는 독특한 크림색의 노란색 턱받이가 있어서 다른 족제빗과 동물들과 구별하기 어렵지 않습니다. 러시아의 서부 시베리아에서 유럽을 가로질러 스코틀랜드와 아일랜드까지 그리고 북쪽의 아한대 또는 침엽수림의 북쪽 한계에서 남쪽의 지중해와 코카서스 지역까지 소나무산달은 정말 넓은 서식 범위를 가지고 있습니다.

배설물로 알 수 있는 소나무산달의 먹이

여름이 되면 소나무산달은 새의 알과 벌레, 꿀도 먹지만 열매를 매우 많이 먹습니다. 소나무산달은 빌베리라는 속까지 보라색인 열매와 붉은색인 마가목의 열매를 매우 좋아해서 소나무산달의 배설물을 살펴보면 종종 붉은 열매가 섞여 나오거나 보라색을 띠기도 합니다. 겨울이 되면 에너지를 비축하기 위해 작은 설치류와 작은 새를 주로 먹어서 종종 배설물에 털, 깃털, 뼈, 씨앗 등이 보이기도 합니다. 이 배설물은 소나무산달이 얼마나 환경에 적응을 잘하는지, 서식지 복원을 어떻게 진행해야 하는지 알려 주는 좋은 힌트가 될 수 있다고 하네요.

산달은 우산종?

2013년 국립환경과학원의 발표에 따르면 지난 4년 동안의 담비에 대한 조사 결과, 담비가 생태계 최상위 포식자이자 넓은 행동권을 지닌 우산종으로 생태계 보전에 활용 가치가 큰 동물임이 밝혀졌다고 합니다.

우산종이란 행동권이 큰 동물의 서식지를 보전하면 동시에 다른 종들을 보호하는 효과가 나타나 생물 다양성이 유지되는 데 역할이 큰 종을 가리킵니다. 우산종의 대표적인 예로는 미국 옐로스톤 국립공원의 불곰, 극동 러시아의 아무르호랑이 등이 있습니다.

모든 대륙에 사는 담비, 산달의 서식지를 보호해 생태계에 생물 다양성이 유지되도록 하면 정말 좋겠지요? 하지만 이런 넓은 행동반경은 생태축을 복원하거나 생태통로를 조성할 때 유용하게 쓰일 수 있지만, 도시와 도로 건설 등으로 파편화된 서식지를 갖고 있는 지역에서는 로드킬 등의 위험도 크다는 것을 의미합니다. 또 산달은 대부분 낮 시간 동안에 활동을 하는 동물이라 능선의 오솔길을 따라 이동하기 때문에 다른 야생 동물보다는 등산객의 영향을 더 크게 받을 수도 있다고 합니다. 우리가 등산을 할 때 이 산책로는 산달의 이동 경로라는 생각을 가지고 야생 동물의 서식지를 자연 그대로 보전할 수 있도록 주의를 기울여야 할 것 같습니다.

서유럽고슴도치

영 명 Western European Hedgehog
학 명 *Erinaceus europaeus*
분 류 식충목 고슴도칫과(포유류)
분 포 스페인, 이탈리아, 북부 스칸디나비아에 이르는 서유럽과 중앙아시아
서식지 해발 400~600m 고산 지대, 낙엽수림, 관목지, 초지 등

방어 무기, 뾰족한 가시를 가진 서유럽고슴도치

서유럽고슴도치는 유럽고슴도치라고도 불리며, 영국을 비롯한 유럽 전역에 널리 분포하고 있습니다. 뾰족한 가시와 예민한 코는 서유럽고슴도치가 정원 등에서 안정적으로 살 수 있도록 진화한 생존 전략이지요. 고슴도치가 주로 사는 정원은 인간 거주지에 가까운 곳에 위치하여 인간과 동물이 공존할 수 있는 좋은 예가 됩니다. 뾰족한 가시는 공격을 위한 무기라고 생각하기 쉽지만, 사실 이 가시는 적으로부터 위협을 받을 때 자신을 방어하기 위해 뾰족하게 세우는 방어 무기랍니다. 또 공처럼 몸을 동그랗게 말아 떼구루루 굴러 자신을 방어하기도 하는데, 이때 가시가 통통 튀게 해 고슴도치의 몸을 보호해 준다고 합니다. 서유럽고슴도치에게 숨겨진 재미있는 이야기들을 몇 가지 더 살펴볼까요?

서유럽고슴도치가 정원을 해충으로부터 지켜 준다고?

고슴도치의 앞발은 강력해서 땅을 파는 데 적합하게 발달되어 있습니다. 이를 통해 먹이를 찾거나 지하에서 보호되는 둥지를 만들 수 있습니다. 서유럽고슴도치는 잡식성이라 과일을 먹기도 하지만 주로 무척추동물을 먹는 육식을 선호하는데, 딱정벌레, 애벌레, 지렁이 등의 작은 곤충을 주로 사냥하며, 민달팽이나 달팽이와 같은 복족류도 먹이로 삼습니다. 이러한 식단 구성으로 인해 서유럽고슴도치는 유럽의 정원에서 훌륭한 해충 방제자로 인정받고 있습니다. 곤충과 다른 작은 무척추동물을 통제함으로써 식물과 작물을 보호하고 정원 생태계의 균형을 유지하는 데 도움을 줍니다.

서유럽고슴도치의 예민한 감각들

서유럽고슴도치는 야행성으로 후각과 청각에 크게 의존하는데, 잘 발달된 후각을 가지고 있을 뿐만 아니라 입천장에 '제이콥슨 기관'이라는 냄새를 감지하는 기관이 있습니다. 수컷과 암컷 고슴도치 모두 다양한 냄새샘을 가지고 있기 때문에 자신의 영역을 지키고 새끼와 가족들을 보호하는 데 예민한 후각이 중요한 역할을 한답니다. 서유럽고슴도치는 청각도 매우 예민한데, 보통 삐걱거리는 소리, 콧김 소리 등을 주로 냅니다. 어른 고슴도치는 짝짓기하는 동안, 먹이를 먹는 동안, 때로는 포획될 때 목소리를 내며, 새끼는 보금자리에서 머무는 동안 삐걱거리거나 휘파람을 불 수 있습니다.

서유럽고슴도치의 방어 전략

서유럽고슴도치는 주로 야행성 동물로, 밤에 활동하는 특징을 가지고 있습니다. 어른이 되면 머리의 뒤쪽과 정수리를 덮고 있는 독특한 가시털을 갖게 되는데, 이

가시털은 보호와 위협에 대한 방어 목적으로 사용됩니다. 일반적으로 고슴도치는 위협을 받으면 공 모양으로 굴러가며, 강력한 등근육이 활성화되어 적의 위협을 받으면 근육을 긴장시키고 가시를 세웁니다. 약 7000개의 가시가 수축되어 등근육에서 진동하고, 쓱쓱 소리를 내며 몸을 움직이기 때문에 적들은 쉽게 다가갈 수 없습니다. 이 가시의 경우 어렸을 때는 딱딱하지 않고 털과 같은 부드러운 질감을 가지다가 어른이 되면서 가시 갈이 및 경화 단계가 일어나 온전한 밤송이 같은 모습이 만들어집니다. 이 가시는 우리의 손톱, 발톱의 성분인 케라틴으로 만들어져 있고, 가시의 뿌리는 갈고리 모양으로 고슴도치의 몸에 붙어 있는 상태입니다.

고슴도치의 영어 이름은 왜 헤지호그일까?

고슴도치를 영어로는 '헤지호그(hedgehog)'라고 합니다. 이름에 그 뜻이 담겨 있답니다. 경작지나 도로 인근에 살아 있는 나무를 빼곡하게 심어 만든 생울타리를 영어로 'hedge'라고 합니다. 고슴도치가 이 생울타리(hedge) 주변에 많이 서식하는 데다 돼지(hog)의 코를 닮은 코를 들썩이며 온갖 것을 먹어 치우기 때문에 생울타리(hedge)와 돼지(hog)를 붙여 헤지호그(hedgehog)라는 이름으로 고슴도치를 부르게 됐다고 하네요.

외뿔고래

영 명 Narwhal
학 명 *Monodon monoceros*
분 류 고래목 외뿔고랫과(포유류)
분 포 그린란드, 러시아, 캐나다 등 북극권
서식지 북극 극지 부근의 수심이 깊은 해양

길고 곧은 나선형 엄니를 가진 외뿔고래

일각돌고래, 일각고래라고도 불리는 외뿔고래는 몸길이가 5.5m, 몸무게가 1.6톤이나 되는 기다란 뿔이 눈에 띄는 동물입니다. 이 뿔 때문에 신화 속에 등장하는 유니콘의 살아 있는 증거라고 말하는 이들도 있습니다. 하지만 이 기다란 뿔이 사실은 '이빨'이라는 사실을 모르는 사람들이 더 많습니다. 외뿔고래에 달린 이 뾰족한 뿔은 튀어나온 송곳니, 엄니입니다. 코끼리의 위턱에 붙어 일생 동안 자라나는 상아, 수컷 고라니의 튀어나온 송곳니가 변하여 뿔처럼 보이는 것도 역시 엄니이지요. 성체 외뿔고래의 엄니는 최대 3m까지 자라는데, 이 뾰족한 엄니의 용도는 확실하게 밝혀진 것은 없답니다. 엄니에 수많은 신경이 분포되어 있어서 주변 환경을 감지하는 역할이나 싸움에 활용될 것이라는 추측만 하고 있는 상황입니다. 북극 극지 부근의 차가운 바다에서 서식하는 바다의 유니콘, 외뿔고래의 이야기를 더 살펴볼까요?

일각고래, 외뿔고래라는 이름은?

일각고래, 외뿔고래는 검은색과 흰색이 얼룩덜룩한 피부 패턴을 가지고 있고 배 부분은 흰색을 띱니다. 과거에는 배를 탔던 사람들이 풍랑을 만나거나 해서 익사하는 경우가 종종 있었는데, 바다에 떠 있는 뱃사람들의 색과 비슷하여 고대 스칸디나비아어로 '시체'를 뜻하는 'Nar'에 '고래'를 뜻하는 'hval'이 합쳐진 Narhval이라는 이름이 붙었답니다. 외뿔고래는 일각돌고래, 일각고래, 긴이빨고래라고도 부르는데 긴 뿔을 하나 가지고 있는 모습 때문에 붙여진 이름이랍니다. 학명인 *Monodon monoceros*는 '하나의 이빨, 하나의 뿔'을 뜻합니다. 뿔처럼 생겼지만 사실 뿔이 아닌 엄니가 길게 뻗은 것이고요.

외뿔고래가 뿔로 염도를 감지한다고?

많은 사람들이 외뿔고래들은 뿔로 꼬치처럼 먹이를 찔러서 먹지 않을까 하는 생각을 하곤 하지만, 사실 외뿔고래들은 엄니로 쳐서 먹이를 기절시킨 뒤 입으로 바로 먹이를 먹습니다. 주로 북극 대구와 그린란드 넙치, 오징어를 주 먹이로 하며 겨울에는 매일 10회, 1회당 30kg의 먹이를 섭취합니다. 외뿔고래의 뿔은 신경이 몰려 있어서 물의 염분이나 주변 환경을 탐지하는 데에도 효과적입니다. 얼음이 얼면 주변의 물을 흡수하여 염도가 높아지는데, 이때 외뿔고래들은 이를 감지하여 자신이 쉴 수 있는 숨구멍의 위치를 파악합니다. 이러한 염도 감지 능력은 외뿔고래의 생존에 매우 필수적이랍니다.

외뿔고래의 '팟'은?

외뿔고래들은 숨을 쉬러 수면 위로 올라올 때 종종 북극곰들의 공격을 받거나 홀로 떨어져 있을 때 공격적인 범고래들의 시야를 피하기 매우 어렵습니다. 그래서 외뿔고래들은 범고래나 북극곰들로부터 자신들을 보호하기 위해 '팟(pod)'이라는 무리를 형성해 다닙니다. 수컷들은 긴 엄니를 이용해 적의 접근을 막고 다가오지 못하게 만들고요. 이런 현상은 외뿔고래와 같은 과에 속하는 흰돌고래에게서도 보이는데, 드물게 흰돌고래 팟이 길을 잃은 외뿔고래를 보호해 주거나, 서로 다른 두 종이 만나 새끼를 낳아 '날루가'라는 새로운 종이 태어나는 경우도 있답니다.

기후 변화가 외뿔고래의 생존에 미치는 영향은?

대부분 다른 고래들이 북극권과 더 낮은 위도 지역을 이동하는 반면, 외뿔고래들은 일 년 내내 그린란드, 러시아 북극권 등의 추운 해역에서만 살아갑니다. 기후 변화로 인해 빙하가 줄어들고 외뿔고래들이 산소를 얻는 숨구멍의 위치도 바뀌어서 생존에 어려움을 겪기도 합니다. 외뿔고래들은 물 위로 올라와 산소를 마시고 혈액에 저장할 수 있어서 바다 깊은 곳에서도 먹이를 잡는 데에 능숙한 사냥꾼이지만, 빙하가 녹으면서 밖으로 올라올 구멍이 막히거나 다른 곳에 새로운 구멍이 뚫리면서 규칙적으로 산소를 공급받기가 어려워지기도 합니다. 뿐만 아니라, 석유와 가스 개발이 많아지면서 외뿔고래의 의사 소통에 오류가 생기고, 선박과의 충돌도 더 많아졌다고 합니다.

* 이 책은 환경을 생각하는 마음을 담아 만들었습니다.
  종이 사용을 최소화하고 재활용에 용이하도록 표지에 코팅이나 후가공을 하지 않았습니다.
  또 본문과 표지 모두 FSC 인증을 받은 종이를 사용하고 FSC 인증 인쇄소에서 콩기름 잉크로 인쇄하였습니다.

지구의 숨결
❶ 아시아와 유럽의 멸종 위기 동물들

ⓒ 진관우, 2023

초판 1쇄 인쇄 2023년 10월 30일
초판 1쇄 발행 2023년 11월 23일

지은이   진관우
펴낸이   원용수
펴낸곳   피엠미디어

총괄기획 안가람
디자인   여울

출판신고 제2020-000135호(2020년 12월 11일)
주소   서울특별시 성동구 성수이로 147 아이에스비즈타워 604호(성수동2가)
대표전화 02-557-1752
이메일   pmmedia@prometheusmedia.net

ISBN   979-11-973306-6-7 (74490)
        979-11-973306-5-0 (SET)

* 책값은 뒤표지에 있습니다.
* 이 책의 저작권은 지은이와 피엠미디어에 있습니다.
* 이 책의 내용 전부 또는 일부를 재사용하려면 반드시 양측의 서면 동의를 사전에 받아야 합니다.